JAPAN

Erste Seite:
Der bekannteste Tempel Japans: Er heißt Kinkaku-ji und steht in der alten Kaiserstadt Kyoto. Bevor er in einen Sakralbau umgewandelt wurde, war der „Goldene Pavillon" Residenz eines Kriegsherren.

Was da wie schwerelos über dem Wasser schwebt, ist das berühmte Haupttor (japanisch: „Torii") des alten Shinto-Schreins von Miyajima. Die Insel in der Nähe von Hiroshima gilt als Inbegriff des japanischen Naturideals.

MIT BILDERN
VON KEYSTONE JAPAN
UND TEXTEN
VON HANS H. KRÜGER

¥en shop
武富士
プロミス
プロミス
カードは一アコム
HASEGAWA
HASEGAWA SQUARE
アエル
777 777
北の家族は
心の居酒屋です

カードは
TOWA
東和
むじん契約機
4F
まんが
松屋
大戸屋
OOTOYA
ETHNIC DINING SHERPA
焼肉
炉庵
ROAN
海鮮食堂
歌舞伎町
さくら通り
東海
新宿区条例により
ポイ捨て禁止

INHALT JAPAN

Seite 8/9:
Zerstreuungen im Zeitalter des Videoclips: Wenn die Dunkelheit einbricht, senden die Leuchtreklamen im Vergnügungsviertel von Shinjuku lautlos ihre Botschaften in die Nacht. Nichts ist umsonst, alles kostet Geld.

Seite 12/13:
Bereits seit dem Jahr 752 findet jeweils am 12. März im Todaiji-Tempel in Nara die Feuerzeremonie „Omizu-tori" statt. Um Mitternacht sendet der Kaiser einen Botschafter mit heiligem Wasser; Funken sprühende Kiefernfackeln werden abgebrannt.

Seite 14/15:
Im 17. Jahrhundert pries der Gelehrte Razan Hayashi drei Landschaften als die schönsten Japans. Eine davon: Ama-no-hashidate, die „Himmelsbrücke". Es ist eine schmale mit Kiefern bewachsene Landzunge in der Miyazu-Bucht, nordwestlich von Kyoto.

一方通行
出口
帰路

JAPAN ODER: DAS HERZ DER DINGE

Am Ende landen wir alle in einem sehr kleinen Ort. In Yokohama liegt dieser Platz, an einem Berghang südlich des Nakamura-Flusses. Im Norden erheben sich die gesichtslosen Hochhäuser der Innenstadt, im Nordosten breitet sich der geschäftigste Hafen Japans aus. Am Hang ruhen 4300 Tote aus über 40 Ländern. Dies ist der „Yokohama Gaikokujin Bochi" – der Ausländerfriedhof von Yokohama. Der Ferne Osten ist hier nicht fremd, sondern eine vertraute Ansammlung kunstvoll behauener Steinquader, glatter Granitblöcke und schmachtender Engel. Allesamt steinerne Zeugen einer glorreichen Vergangenheit, als die Welt riesig, die Profite groß und das Leben kurz waren. Unter Kiefern und Pinien liegen jene, deren Träume

Zwei Berg-Asketen auf dem Berg Haguro in der Präfektur Yamagata. Im Japanischen heißen die Mönche „Yamabushi". Sie zählen zur esoterischen Sekte der Tendai-Buddhisten, und ihre weiße Kleidung symbolisiert sowohl Reinheit als auch den Tod.

nicht in Erfüllung gegangen sind: „Hier ruht Johann Otto Jacob Häfker Geb. den 26. Juni 1840 zu Holtorf bei Lunsen in Braunschweig. Gest. den 5. Februar 1885 zu Yokohama FRIEDE SEINER ASCHE."

Für die meisten Menschen aus dem Westen ist der Friedhof ein geweihter Ort, Zwischenstation für die Reise in eine andere, bessere Welt. Für Japaner ist er eine nekrophile Sehenswürdigkeit. Das japanische Paradies befindet sich nicht im Jenseits, es liegt im eigenen Land. Die Legende berichtet, das Götterpaar Izanagi und Izanami habe auf der Himmelsbrücke gestanden und mit einem Juwelenspeer im modrigen Chaos unter sich gerührt. Als sie den Speer herauszogen, perlten von seiner Spitze 3325 Tropfen herab. So entstanden die japanischen Inseln. Izanami gebar die Sonnengöttin Amaterasu. Ihr Enkel Ninigi wurde zum Ahnherrn des regierenden Kaiserhauses – der jetzige Tenno Akihito gilt als der 125. Nachfolger dieser Dynastie. Das Reich wurde Nihon oder Nippon genannt, „Ursprung der Sonne".

Die Schöpfungsgeschichte bildet die Grundlage des japanischen Selbstverständnisses und seiner Religion, dem Shintoismus. Shinto bedeutet „Weg der Götter". Im Gegensatz zum Christentum gibt es im Shintoismus keine Morallehre, weder Schuld noch Sühne. Adam und Eva wurden aus dem

Wie flüssiges Gold: Feuerwerk über Nara. Dekorationslichter und bengalisches Feuer erleuchten die Tempelbezirke und Schreine der einstigen Hauptstadt.

Paradies vertrieben, Izanagi und Izanami betraten es. Land und Bewohner bilden eine gottgegebene Einheit. Nur wer Japaner ist, kann Shintoist sein. Nicht alle Menschen sind Brüder.

REICH DER PARALLELWELTEN

Japan ist, wie der französische Kulturkritiker Roland Barthes einst bemerkt hat, das Reich der Zeichen, das Land der leeren Gesten, der Symbole und des Details. Japan besteht aus mehreren Parallelwelten, die scheinbar nichts miteinander zu tun haben und doch ein Ganzes bilden. Selbst den Bildern darf man nicht trauen. Was man sieht, ist nicht unbedingt das, was es ist. Der Fuji-san ist ein Berg, aber in der buddhistischen Vorstellung auch Tor in eine andere Welt. Bäume sind Bäume, aber im Shintoismus auch Göttersitze. Der moosbewachsene Stein in einem Landschaftsgarten ist ein moosbewachsener Stein, in der Zen-Philosophie jedoch eine einsame Insel im sturmgepeitschten Meer.

Am unkompliziertesten ist noch die geografische Standortbestimmung: Japan ist ein Inselreich vor der Ostküste Asiens. Es besteht aus fast 7000 Eilanden, die sich über eine Strecke von 3000 Kilometern von Nordost nach Südwest erstrecken. Der höchste Berg ist der Fuji-san (3776 Meter), der längste Fluss der Tone-gawa (322 Kilometer), der größte See der Biwa-ko (670 Quadratkilometer). Die größten Inseln heißen Hokkaido, Honshu, Shikoku, Kyushu und Okinawa. Wegen der immensen Ausdehnung liegen sie in drei Klimazonen – subarktisch, gemäßigt, subtropisch. Die gesamte Landmasse befindet sich in einer geologisch instabilen Region. Rund 60 der 186 Vulkane sind noch aktiv. Jährlich werden bis zu 1200 Erdbeben registriert. Am 17. Januar 1995 geschah in der Hafenstadt Kobe die letzte große Katastrophe. Beim großen Beben kamen über 600 Menschen ums Leben.

Japan ist etwas größer als Deutschland, hat aber 127 Millionen Einwohner. Fast 80 Prozent des Landes sind gebirgig, auf der restlichen Fläche drängen sich Menschen, Landwirtschaft und Industrie. An der Pazifikküste der Hauptinsel Honshu befinden sich die wichtigsten Ballungszentren: Tokio-Yokohama-Chiba, Kobe-Osaka-Kyoto. Wer mit dem Shinkansen, einem der schnellsten Züge der Welt, die Küstenlinie entlangeilt, erblickt aus dem Abteilfenster keine freie Natur, sondern die radikale Ausnutzung des bewohnbaren Raumes. Alles ist zerstückelt, zersiedelt, zubetoniert. Städte gehen ansatzlos ineinander über. In Reisfeldern stehen die riesigen Reklametafeln von Immobilienfirmen, die ein besseres Wohnen propagieren. Dies ist das Epizentrum asiatischer Massenkultur: i-mode, seichte Popmusik, coole Mode, kindliche Manga-Comics und verspielte Software. Zwischen Seoul und Bangkok wird jeder Trend kopiert. Güter und Vorstellungen schwappen irgendwann über nach Europa und die USA.

ERSTARRTE PYRAMIDE

Zwei geschichtliche Ereignisse prägen bis heute das Land: Der lange Abschied von der Welt und der große Krieg. Mit Beginn der Tokugawa-Herrschaft im Jahr 1600 hatte sich Japan hermetisch von der Außenwelt abgeschlossen. Der Bau seegängiger Schiffe wurde verboten, auf Verlassen des Landes stand die Todesstrafe, kein Ausländer durfte heimischen Boden betreten. Ausnahme, die Hafenstadt Nagasaki auf der südlichen Insel Kyushu. Auf der aufgeschütteten Insel Dejima befand sich ab 1641 ein holländisches Handelszentrum; im Stadtteil Shinchi konnten unter strikten Auflagen Chinesen und Koreaner Handel treiben. Die japanische Gesellschaft erstarrte zu einer Pyramide: An der Spitze standen die schwerttragenden Samurai, darunter Bauern, Handwerker, Künstler und Kaufleute. Höchstes Ziel der Militärdiktatur war die Aufrechterhaltung der Ordnung. Das tägliche Leben wurde bis ins kleinste Detail reglementiert. Eine behördliche Verordnung aus dem Jahr 1649 weist an: „Kleinbauern sind Menschen ohne Umsicht und Vernunft. Deshalb dürfen sie nicht während der Erntezeit ihren Frauen und Kindern Reis geben, sondern sollen ihn für die Zukunft lagern. Der Mann muss auf dem Feld arbeiten, seine Frau am Webstuhl. Beide müssen nachts arbeiten. Wie hübsch auch eine Frau sein mag, wenn sie ihre Hausarbeit vernachlässigt, weil sie Tee trinkt oder tratscht oder herumbummelt, muss sie verstoßen werden."

Oben:
Vor der perfekten Kegelform des Fuji-san rast ein Shinkansen in den Süden der Hauptinsel Honshu. Der Superzug ist das schnellste und sicherste Transportmittel Japans.

Links:
„Ebisu Garden Place" heißt dieser moderne Gebäudekomplex im Tokioer Stadtteil Meguro. Er besteht aus Läden, Kneipen, Restaurants und einer Konzerthalle.

Mitte:
Romantischer Brückenschlag: Die Seto-ohashi-Brücke verbindet die Hauptinsel Honshu mit der Nebeninsel Shikoku. Tatsächlich besteht die gesamte Konstruktion aus insgesamt sechs Brücken. An deren Fertigstellung wurde 40 Jahre gearbeitet.

Zweieinhalb Jahrhunderte regierte die Tokugawa-Dynastie, als 1853 vier amerikanische Dampfschiffe in die Bucht von Tokio einliefen, die „Schwarze Flotte". Deren Kommandant, Admiral Matthew Perry, hatte von Präsident Fillmore den Auftrag erhalten, ein Handelsabkommen mit Japan zu erzwingen. Kanonendonner, die Demonstration westlicher Militärüberlegenheit, beendete die japanische Feudalherrschaft, führte zur Wiederherstellung des Kaiserreiches und zur Öffnung des Landes.

Unter dem Schlagwort „Bumei Kaika" (Aufklärung und Zivilisation) formierte sich die Nation zur Aufholjagd. Aus den Ländern der Alten und Neuen Welt lud die Regierung Ärzte und Hochschul-

Oben:
Kalligraphie, die Kunst des Schreibens, gilt in Japan als Charakterschule. Zu Neujahr werden gute Vorsätze aufgemalt – und später selten eingehalten.

Rechts:
Die Kunst des Töpferns: Die Kleinstadt Mashiko in der Präfektur Tochigi ist ein Zentrum für volkstümliche Keramik-Herstellung.

lehrer, Architekten und Techniker, Militärs, Musiker und Juristen ein. Eines der Schaufenster unbekannter Wissenschaften und unterschiedlicher Wertmaßstäbe wurde Yokohama. Ab 1859 entstand in dem Fischerdorf, nur 30 Kilometer von der Hauptstadt entfernt, eine der neuen ausländischen Handelskolonien. Errichtet wurden Läden, Wohn- und Lagerhäuser, Landungsbrücken, ein Zollhaus, ein Bordell. Das erste westliche Hotel eröffnete seine Pforten, das erste westliche Restaurant servierte seine, zumindest für Japaner ungenießbaren, Speisen. 1876 wurde die erste Eisenbahnlinie von Yokohama nach Shimbashi in Tokio eröffnet.

Die neue innere Stärke wurde auch nach außen demonstriert: Japan besetzte Taiwan (1874), siegte im Chinesisch-japanischen Krieg (1894–95), vernichtete die Zaren-Flotte im Russisch-japanischen Krieg (1904–05), annektierte Korea (1910), nahm die Mandschurei ein (1931–33). Dumpfer Militarismus und überschätztes Selbstbewusstsein führten am 7. Dezember 1941 zum Angriff auf Pearl Harbour und damit zum Ausbruch des pazifischen Krieges. Die Kaiserliche Armee verzeichnete spektakuläre Anfangserfolge. Doch je länger der Krieg dauerte, desto mehr gewannen die Alliierten die Oberhand. Im August 1945 fielen amerikanische Atombomben auf Hiroshima und Nagasaki. Am Mittag des 15. August 1945 teilte Kaiser Hirohito in einer Rundfunkansprache die Kapitulation mit: „Wie anders vermögen Wir die Millionen Unserer Untertanen zu retten oder Uns vor den geheiligten Geistern Unserer Vorfahren zu rechtfertigen." Die meisten Japaner waren wie vor den Kopf geschlagen. Gott sprach zum ersten Mal zu ihnen und zeigte, dass er ein Sterblicher war.

JAPANISCHES WIRTSCHAFTSWUNDER

Es folgten Niederlage und Besetzung, eine neue Verfassung, Demokratisierung, der Wiederaufbau. Wie in Deutschland findet in Japan ein Wirtschaftswunder statt. Anders als Deutschland beschäftigt sich das Land kaum mit den dunklen Seiten seiner Geschichte. Japanische Vergangenheitsbewältigung ist ein Wechselbad aus Opfermentalität und systematischer Verdrängung. Stattdessen beschäftigen sich Politiker und Industrielle mit der Zementierung der Macht und ökonomischen Herausforderungen: „Nihon ichi", „Japan als Nummer eins". Heute ist Japan die zweitstärkste Volkswirtschaft der Welt, aber politisch ein Zwerg. Es ist Zahlmeister der UNO, aber gesellschaftlich Außenseiter. Es exportiert Produkte, nicht Ideen. Es spricht von Internationalität, kann aber nur in Japanisch kommunizieren. Es ist das verwestlichste Land Asiens und hat doch die eigene Identität bewahrt.

Japan ist ein exotisches Urlaubsziel, das einfach zu erreisen, aber schwer zu erreichen ist. Nicht jeder der ankommt, ist auch da. Der kluge Neuankömmling unterzieht sich den Initiationsriten einer anderen Kultur: Die Fremde wird nicht erobert, sondern absorbiert. Einsichtig lernt er das japanische Regelwerk für einen problemlosen Aufenthalt: Höflichkeit ist die wichtigste Tugend; wer aus der Haut fährt, verliert sein Gesicht. Die Verbeugung ist Ausdruck des Respekts, je tiefer, desto besser. Geliebt wird nicht die scharfe Zunge des Kritikers, sondern der süße Ton des Schmeichlers. Die wichtigsten japanischen Wörter lauten „domo“

(Danke) und „suimasen“ (Entschuldigung), selbst wenn es nichts zu bedanken oder zu entschuldigen gibt. Japaner setzen voraus, dass sie niemand versteht. Wer es trotzdem tut, wird mit Missfallen betrachtet.

Wer lange genug bleibt, macht die drei Phasen der Eingewöhnung durch. Zuerst Staunen vor dem ästhetischen Wunderland, dem wirtschaftlichen Riesen, das Loblied auf Höflichkeit und Gastfreundschaft; alles erscheint in einem rosigen Licht. Dann folgt die Phase der Kritik, sogar Ablehnung. Nabelschau und Xenophobie, die einen unausrottbaren Teil der nationalen Psyche auszumachen scheinen, gehen auf die Nerven. Und dann diese Menschenmassen! Millionen, die auf engstem Raum leben, kaum Freiraum haben, kaum Freiheit zulassen. Zuletzt kommt die Einsicht, dass sie keine schwarzköpfigen Europäer sind, keine Amerikaner mit anderem Augenschnitt, nicht unser eigenes Gesicht in einem anderen Spiegel: Sie sind Japaner. Hat man gelernt, dass es mehr als eine Denkweise gibt, Wahrheit eine Frage der Perspektive ist, erscheinen sie weniger exotisch und geheimnisvoll. Alles in allem ist auch ihr Leben vorbestimmt: Sie kommen zur Welt. Sie leben. Sie sterben. Nur auf dem Ausländerfriedhof von Yokohama werden sie nicht begraben.

WILLKOMMEN IN TOKIO

Im kalten Dämmerlicht eines nebeligen Wintermorgens trifft der Fremde auf der Arion Avenue im Stadtteil Shibuya einen verkaterten und verfrorenen japanischen Tramp, der eine Zigarette schnorrt und ein Paar Yen für eine Dose heißen Kaffee aus dem Getränkeautomaten. Feuer hat er

ebenfalls nicht. Der Tramp trägt Gummistiefel. Um den Oberkörper hat er eine Wolldecke geschlungen. Er spricht den Dialekt von Nord-Honshu: weiche Konsonanten, verschluckte Endsilben; aus „su“ wird „shi“, und zum Teufel mit allen verschnörkelten Höflichkeitsformen. Als cleverer Bittsteller schaut er dem Fremden nicht ins Gesicht. Verborgen bleibt ihm der falsche Schnitt der Augen. Nachdem er Zigarette, Feuer und Geld

Links:
Teezeremonie unter freiem Himmel. Im Japanischen heißt die Zeremonie „Cha no Yu“ – was bedeutet: heißes Wasser für den Tee.

Unten:
Spezialitäten frisch aus dem Meer: eine Sushi-Bar in Omiya, einem Vorort von Tokio.

erhalten hat, verbeugt er sich kurz aus der Hüfte. Dann verschluckt ihn der Nebel, als hätte es ihn nie gegeben.

Es ist eine typische Tokioer Begegnung: Das Zusammentreffen von Unbekannten, das Kreuzen von verlorenen Seelen in einer verlorenen Stadt. Ein kurzer Moment der Intimität, bevor jeder seines Weges geht. Tokio als perfekter Raum der Nichtexistenz. Die Menschen erscheinen und verschwinden wieder. Nichts hat Bestand, alles fließt.

Natürlich schreiben die Reiseführer darüber nicht. Stattdessen erklären sie touristische Fixpunkte: Japans größter Fischmarkt Tsukiji Uogashi und Kaiserlicher Palast. Kabuki-Theater und die Stille der Vergangenheit im Meiji-Schrein. Ginza, die teuerste Einkaufsmeile der Welt. Tokio Tower, eine Kopie des Eiffelturms, nur höher. Der Asakusa-Kannon-Tempelbezirk, wo Gläubige falsches Geld verbrennen und die Götter um Hilfe rufen. Oder Tokio Disneyland. Umgerechnet 100 Euro Eintritt für die Perfektionierung des amerikanischen Vorbilds: Ein verlogenes Neuschwanstein unter einem falschen Himmel, und Micky Maus piepst „Irriashimase“, das Japanische „herzlich Willkommen“.

Wer das erste Mal ankommt, glaubt sich im Traum eines Anderen zu befinden. Auf dem Sumida-Fluss, auf dem weiße Ausflugsboote elf berühmte Brücken passieren, kommt der Besucher mit einem jungen Australier ins Gespräch. Der heißt David, und seine Augen verraten den Neuankömmling. David blickt mit einer Mischung aus Staunen und Schrecken, Begeisterung und Verwirrung. Seit fünf Tagen ist er in Tokio. David erzählt: „Am dritten Tag habe ich meine Eltern in Sydney angerufen und ihnen gesagt: Tokio hat zwölf Millionen Einwohner, und ich habe sie schon alle gesehen.“

Tatsächlich sind es viel mehr. Tagsüber steigt die Zahl durch Pendler aus den umliegenden Präfekturen auf über 15 Millionen Menschen. Um den Kaiserlichen Palast wohnen in einem Umkreis von 50 Kilometern rund 32 Millionen Japaner. Sie leben in einer der widersprüchlichsten Metropolen der Welt. Tokio ist eine bizarre Mischung aus Postmoderne und Anarchie, aus Verinnerlichung und Exzentrizität, aus Stillstand und Beschleunigung. Unvereinbarkeit und Widersprüchlichkeit werden eins: Übervölkerte Boulevards und einsame Gassen, so eng, dass man die gegenüberliegenden Häuser mit ausgestreckten Armen erreichen kann. Sechs-

Unten:
Auch die Götter wissen einen guten Tropfen zu schätzen: Sake-Fässer in einem Shinto-Schrein.

Rechts:
Ein formvollendeter Raum für die Teezeremonie. Auf dem Boden liegen „Tatami“ (Reisstrohmatten), links stehen die Teegerätschaften.

stöckige Mietszeilen, deren Hässlichkeit mit ihrer Funktionalität entschuldigt wird, und verschwiegene Tempel. Dreistöckige Hochstraßen, die brachial alte Stadtteile zerstückeln, und verzauberte Parks mit Moosgärten und Steinlaternen. Manchmal entdeckt man in dem Wirrwarr aus Menschen und Dingen einen Bettelmönch. Er trägt einen breiten Bambushut, der sein Gesicht verdeckt. Er hält eine Schale, in der er Almosen sammelt. Er schweigt gegen den Lärm der Welt.

TYPISCH TOKIO

Einer Durchschnittsfamilie stehen 40 Quadratmeter Wohnraum zur Verfügung. Taxifahrer haben weiße Handschuhe, und Fahrgästen wird die hin-

tere Tür automatisch geöffnet. Fahrradfahrer und Fußgänger teilen sich Bürgersteige. An Zebrastreifen ertönen bei Grün Glockenspiele, damit Blinde die Straße überqueren können. Restaurants liefern heiße Nudelsuppen frei Haus. Nur größere Straßen tragen Namen. Hausnummern sind nicht nach Standort, sondern Baujahr geordnet. Telefon- und Stromleitungen sind oberirdisch verlegt. Krähenschwärme haben die Lufthoheit übernommen. Wer erkältet ist, schützt seine Mitbürger, indem er Mundschutz trägt. Und nur wer kein Ziel hat, kommt an.

Verwaltungstechnisch besteht Groß-Tokio aus 23 Bezirken, 26 Städten, drei Landkreisen, sieben Inseln. Es gibt keine Mitte, kein Zentrum, keine Markierung, nichts, an dem sich das Auge festhalten kann. Der japanische Autor Hiroshi Teshigahara schreibt: „Es existieren keine ästhetische Harmonie, keinerlei Ordnungsregeln." Für den Romancier Abe Kobo ist Tokio eine „grenzenlose Zahl von Dörfern. Diese Dörfer und ihre Menschen erscheinen alle identisch. Soweit man auch geht, man bleibt immer dort, wo man begann. Und wo immer man in Tokio ist, man verirrt sich."

Der einzige Punkt, an dem man das Gefühl hat, die Stadt sei kein wucherndes Geschwür, sondern eine geplante Metropole, ist Tokio Zentral. Hinter dicken Steinquadern liegt die geistige Mitte des Landes, der Kaiserpalast. Eine Million Quadratmeter Grund in bester Lage. Kilometerlange Wassergräben, bunte Koi-Karpfen im, schwarze und weiße Schwäne auf dem Wasser. Keine U-

Oben:
Kirschblütenschau im Park von Ueno in Tokio. Die Menschen essen, trinken, singen und tanzen – und am nächsten Tag haben alle einen dicken Kopf.

Links:
Mutter und Tochter beim Shichi-go-san, dem Fest der drei-, fünf- und siebenjährigen Kinder. Jeweils am 15. November werden die Jungen und Mädchen den örtlichen Shinto-Gottheiten vorgestellt.

Unten rechts:
Vier Kilometer lang ist der Rundweg durch einen Tunnel aus über 10 000 Torii. Er ist die Attraktion des Fushimi-Inari-Taisha-Schreins in Kyoto. Gestiftet wurden die religiösen Tore von Firmen und Privatleuten.

Unten:
Die Ästhetik des Einfachen: traditionelles Wohnhaus in Kyoto. Die Fassade ist aus Holz und Bambus, der Gehweg mit Steinplatten ausgelegt.

Bahn-Linie durchschneidet den heiligen Boden, kein Hubschrauber darf den Luftraum kreuzen. Hinter einem Vorhang aus Kiefern und Mauern residiert Kaiser Akihito. Sein Wohnpalast trägt den altertümlichen Namen Fukiage-Gosho, was mit „Odem erhebende erhabene Stätte" zu übersetzen ist. Nur an des Kaisers Geburtstag, am 23. Dezember, und zum Neujahrsfest, am 2. Januar, öffnen sich die Tore fürs Volk.

Die Stadt ist eine Metropole fern der Harmonie, der ewigen Wahrheiten und der kühlen Vernunft. Selbst die Realität wird manchmal zum Fantasieprodukt. Im Stadtteil Hakozaki-cho verbindet die Kiyosu-Brücke die Ufer des Sumida-Flusses. Sie ist kobaltblau angestrichen. Nachts wird sie von Scheinwerfern angestrahlt. Riesige Leuchtreklamen flackern auf den umliegenden Hochhäusern, und die braunen Fluten des Flusses gurgeln gegen das

Vergessen der Nacht. Es gibt einen Aussichtspunkt, auf dem folgender deutscher Hinweis zu lesen ist: „Kölner Aussicht – Kiyosubashi, die Brücke von Kiyosu im Vordergrund, wurde nach dem Vorbild der den Rhein überspannenden Hängebrücke von Köln gebaut. Dieser Standort ist für seine besonders schöne Aussicht bekannt." Der Besucher liest und staunt.

Die Megapolis ist keine alte, antike Stadt. Wo heute Beton und Asphalt wuchern, gab es vor 500 Jahren einige bäuerliche Siedlungen, ärmliche Fischerdörfer, eine unbedeutende Burg. Erst unter Shogun Ieyasu Tokugawa (1542–1616) entwickelte sich das einstige Edo zum politischen und wirtschaftlichen Machtzentrum. Der Kriegsfürst ließ einen Irrgarten aus Straßen und Gassen anlegen, der jeden einfallenden Feind verwirren sollte. Mit der Restauration des Kaisertums setzte die große Verwandlung ein. Im Jahre 1868 verlegte Kaiser Meiji seine Residenz aus Kyoto nach Edo, das daraufhin in Tokio („Östliche Hauptstadt") umbenannt wurde.

Zweimal wurde die Stadt fast völlig zerstört: 1923 beim großen Kanton-Erdbeben, im Frühjahr 1945 durch die Brandbomben der Amerikaner. Doch die Möglichkeiten zu einer Neugestaltung wurden nicht genutzt. Ordnende Baupläne und Vorschriften gibt es nicht. Die Fortdauer der Vergangenheit im Medium der Architektur findet nicht statt. Weil Baukosten nur einen Bruchteil der immensen

Grundstückskosten ausmachen, beträgt die Halbwertzeit von Gebäuden gerade mal 20 bis 30 Jahre. Häuser, die älter als 70 Jahre sind, gelten als Kuriosum. Keine andere Metropole verdeutlicht so prägnant die Merkmale einer Großstadt des neuen Jahrtausends: Flüchtigkeit, Vergänglichkeit, den Wandel der Physiognomie.

SCHÖNHEIT DER PROGRESSIVEN ANARCHIE

Architekten, Städte- und Landschaftsplaner dürfen sich ungehemmt dem jeweiligen „Ismus" hingeben: Dekonstruktivismus, Postmodernismus, Biomorphismus. Vorherrschend bleibt das Labyrinth, Kurven und Linien triumphieren über die Gerade. Was nicht erklärbar ist, wird mit Worthülsen

Links:
Farbenprächtiger Prunkwagen beim Nebuta-matsuri Fest in Aomori. Der große Umzug mit beleuchteten Pappmaché-Figuren findet Anfang August statt.

Unten:
Public relations für den Himmel: Was da vor einem Tempel fröhlich im Wind flattert, sind die Werbeflaggen für den buddhistischen Heiligen Bodhisattva.

gedeutet. Städteplaner sprechen von einem „antihierarchischen Wachstum". Beliebt ist der Begriff des „organlosen Körpers", also eines sich selbst produzierenden Produkts. Architekten versuchen die Chaos-Theorie aus Mathematik und Physik auf Tokio zu übertragen. Kazuo Shinohara schwärmt von der „Schönheit der progressiven Anarchie" Tokios.

Einer dieser anarchischen Plätze heißt Shinjuku. Ein Stadtteil als Sinnbild straffer Organisation und von grandiosem Chaos. Der Bahnhof von Shinjuku, ein kastenförmiger Zweckbau, ist einer der wichtigsten Verkehrsknotenpunkte der Hauptstadt: zwei U-Bahnen, sechs staatliche und drei private Bahnlinien. Durch die 60 Ein- und Ausgänge strömen täglich 1,23 Millionen Reisende. Westlich des Bahnhofs liegt Tokios Manhattan. Banken, Versicherungen und Hotels verstellen den Blick zum Himmel. Dazwischen erheben sich die 243 Meter hohen Doppeltürme des Rathauses. Das Alterswerk von Stararchitekt Kenzo Tange besteht aus drei Gebäudekomplexen, ist 48 Stockwerke hoch, über 600 Millionen Euro teuer und hat Arbeitsplatz für 14 000 Angestellte.

Im Osten von Shinjuku ballen sich in einem Gewirr von schmalen Gassen Spielhallen, Kabaretts, Restaurants, Karaoke-Bars, Secondhand-Läden, Nachtclubs und Cafés. Am Wochenende strömt aus den U-Bahn-Schächten eine kompakte Masse vergnügungssüchtiger Studenten, Sekretärinnen und Angestellter. Teenager tragen kurze Jeanshosen und Netzstrümpfe, die über den Knien enden. Oder Cinderella-Kleidchen in Schockfarben. Ihre Haare haben ein Blond, das in der Natur nicht vorkommt. Die in den teuren Kostümen von Chanel sind so genannte „Office Ladies", weibliche Angestellte. In verräucherten Kneipen hocken die Jäger der Moderne, im Neujapanischen „salariman" genannt, trinken Suntory Whisky und beklagen ihr Schicksal. Viele Gäste sind wurzellose Arbeiter und Angestellte, zugezogen aus dem ländlichen Japan. Sie leben in verstörenden Zweitwelten: Das Dorf ihrer Kindheit ist zum Platz nostalgischer Erinnerungen geworden, die neue Stadt zum Ort der einsamen Leere, in der sie auch nach Jahren der Anwesenheit nicht angekommen sind.

Nachts wird Tokio zur Bühne alter Geheimnisse und neuer Verheißungen. Neonlichter rufen lautlos ihre Hilfeschreie in den Himmel. Die Asphaltschluchten grummeln wie der leere Bauch eines Drachen. Sanft ziehen den Besucher die Träume mal hierhin, mal dorthin. Wacht er auf, weiß er nie, wo er ist. Manchmal schwebt ihm vor, er könnte für alle Zeiten durch Tokio streifen: ein ruheloser Wanderer in einem zeitlosen Raum.

Seite 26/27:
Lichtermeer: Blick auf das postmoderne Stadtviertel Odaiba an der Wasserfront von Tokio. Im Hintergrund leuchten die „Rainbow-Bridge" und der Fernsehturm Tokyo Tower.

HOKKAIDO – DER WILDE NORDEN

Das Ende von Japan sind geschmacklose Souvenirshops, laute Nudelsuppenläden und eine muntere Reisegruppe aus der Provinz. Ein pyramidenartiges Steinmonument, dessen Form den Nordstern darstellen soll, symbolisiert den nördlichsten Punkt des Inselreichs: 45 Grad 30 Minuten nördlicher Breite. Auf einer Anhöhe erhebt sich ein viereckiger, rot-weiß gestrichener Klotz, der Leuchtturm von Kap Soya, eingeweiht am 25. September 1885 und seitdem unermüdlich im Dienst. Die Reisegruppe, ältere Damen und Herren mit den gebeugten Rücken von Reisbauern, fotografieren sich gegenseitig. Hinter ihnen befindet sich die kalte Fremde. Das Japanische Meer im Westen, das Ochotskische

Seite 28/29:
Nachts hat es geschneit. Schnee liegt auf den mächtigen Kiefern und den Dächern der Pagode des Kofuku-ji-Tempels in Nara. Der Sakralbau, 730 erbaut, fünfmal abgebrannt, ist mit 50 Metern die zweithöchste Pagode Japans.

Japan zum Durchatmen: abgeerntetes Feld auf der nördlichen Insel Hokkaido. Im Hintergrund erheben sich die schneebedeckten Biei-Berge.

Meer im Osten. An klaren Tagen zeichnen sich im Norden die Umrisse der russischen Insel Sachalin ab. Sie liegt gerade 43 Kilometer entfernt. Möwen kreischen am blank geputzten Himmel. Fischerboote kippen über den Rand des Horizonts. Spurlos verschwinden sie, und mit ihnen verschwindet unsere Welt.

HAARIGE EINGEBORENE UND RIESIGE BÄREN

Als die Erde noch eine Scheibe war und einen Anfang und ein Ende hatte, bevölkerten Kartografen die Plätze außerhalb ihres Wissens mit seltsamen Geschöpfen und schrieben: „Hier leben Drachen." In der japanischen Vorstellung war Hokkaido ein solcher Ort. Eine Insel fern der Zivilisation, bewohnt von haarigen Eingeborenen und riesigen Bären. Kurz waren die Sommer, lang und hart die Wintermonate. Noch bis Mitte des 19. Jahrhunderts gab es gerade drei dauerhafte Siedlungen: Matsumae, Esashi und Hakodate. Alle lagen im äußersten Südwesten der Insel, eine Tagesreise vom Hauptland Honshu entfernt. Nur wenige Holzfäller und Händler wagten sich weiter in den unbekannten Norden. Mit den Ainu, den Ureinwohnern, wurde ein wenig Handel getrieben – Messer und Töpfe gegen Häute, Felle und Adlerfedern. Im Winter kehrten viele Japaner nach Honshu zurück. Es kamen das Packeis und russische Robbenfänger von der Insel Sachalin. Die Männer jagten Seehunde und bekämpften ihr Heimweh mit langen, schwermütigen Messen in der orthodoxen Kirche von Hakodate.

Erst 1869 wurde von der japanischen Regierung eine so genannte „Kommission zur Kolonisierung" geschaffen. Amerikanische Kartografen vermaßen zum ersten Mal das Unbekannte. Ezo, wie die

Oben:
Kap Soya auf Hokkaido: Willkommen am Ende Japans, am nördlichsten Punkt des Inselreiches.

Insel bis dahin hieß, erhielt einen neuen Namen: Hokkaido, „Nördliche See-Provinz". Amerikanische und europäische Experten untersuchten die landwirtschaftliche Nutzung und den Abbau von Steinkohle und Erz. Importiert wurden Dampflokomotiven aus den USA, Architekten aus dem zaristischen Russland und Braumeister aus dem kaiserlichen Deutschland. Das Nichts wurde besiedelt. Es entstanden Straßen, Eisenbahnlinien, neue Städte. Gegründet wurde die erste Brauerei (1876 in Sapporo) und von neun französischen Mönchen das erste Trappistenkloster des Landes (1896 in Kamiiso bei Hakodate). Inzwischen leben in dem Backsteingebäude 40 Mönche, die schweigen und beten und für ungläubige Touristen Butter, Plätzchen und Marmelade herstellen.

EIN ANDERES JAPAN

Heute ist die Insel am Rande der japanischen Welt weniger ein geografischer Fixpunkt, sondern eine Innenansicht. Hokkaido ist die Heimat von Adjektiven – fern, isoliert, fremd, einsam. Obwohl die Insel fast ein Viertel der Gesamtfläche Japans ausmacht, leben auf ihr nur knapp vier Prozent der Gesamtbevölkerung. Wer ankommt, lernt, dass vieles anders ist: Nirgendwo das Schachbrettmuster der Reisfelder, keine wuchernden Stadtlandschaften, keine blühenden Kirschbäume, kaum Tempel und Schreine. Stattdessen einsame Bauernhäuser, deren Scheunen an amerikanische Farmen erinnern, weite Kartoffeläcker, Mais- und Haferfelder. Auf grünen Wiesen weiden schwarzweiß gefleckte Holsteiner. Birkenwälder ziehen sich über Berge und Hügel. Der Himmel ist leer und sehr weit.

Was den Besucher erwartet, ist eine Idylle aus Vulkanen und Kraterseen, aus unberührten Landschaften im Shikotsu-Toya-, Daisetsuzan- oder Shiretoko-Nationalpark, aus berühmten Badeorten wie Noboribetsu und pittoresken Fischerorten wie Abashiri am eisigen Ochotskischen Meer. Selbst in den Städten hat das Leben einen verzögerten Rhythmus, scheinen die Uhren lang-

Dampfende Fumarolen im Akan-Nationalpark. Gas- und Wasserdämpfe steigen aus den Spalten und Öffnungen tätiger Vulkane auf.

Links:
Ramen-Straße in Sapporo, der Hauptstadt von Hokkaido. Angeblich werden hier die besten Nudelsuppen Japans serviert.

Ganz Links:
Europa im Fernen Osten: Der rote Backsteinbau ist das alte Rathaus von Sapporo.

samer zu gehen. Besonders geschichtsträchtig ist Hakodate. Um 1454 ließen sich hier die ersten japanischen Siedler nieder. Neben Nagasaki und Yokohama war Hakodate eine der ersten Städte, die nach dem Ende der Feudalherrschaft für Ausländer geöffnet wurden. Romantisch ist der abendliche Blick auf das Lichtermeer von Stadt und Bucht vom 335 Meter hohen Hakodate-Berg. Als eine der lebenswertesten Städte Japans gilt die 1871 gegründete Inselmetropole Sapporo. Breite, baumbestandene Boulevards, schattige Parks, lebhafte Biergärten, genug Platz zum Durchatmen. Im Zentrum der Innenstadt liegt der Odori-Park. Hier findet in der ersten Februarwoche das berühmte Schneefestival statt. Hunderttausende Besucher bewundern die riesigen Paläste und Skulpturen aus Schnee und Eis. Nachts funkeln sie im Licht bunter Scheinwerfer. Der lebensfeindliche Winter wird zur glitzernden Attraktion.

Links:
Der weiße Leuchtturm ist das Wahrzeichen von Kap Chikyu auf der Insel Hokkaido. Die schroffen Brandungsklippen fallen bis zu 100 Meter steil zum Meer hin ab.

Links unten und unten:
Die Halbinsel Shakotan an der Westküste Hokkaidos ist ein Paradies für Bergsteiger, Wanderer und Camper. An der zerklüfteten Felsküste darf, wie fast überall in Japan, auch ohne Angelschein geangelt werden.

Linke Seite:
Über glatt geschliffenes Vulkangestein stürzt der Wasserfall von Tenninkyo in die Schlucht von Sounkyo herab. Sounkyo liegt in der Mitte Hokkaidos. Der Ort ist Ausgangspunkt für Touren in den Daisetsuzan-Nationalpark.

Blühende Pflaumenbäume am Toya-ko. Der See liegt in einem erloschenen Krater. Im Norden wächst der schneebedeckte Yotei-zan-Berg in den Himmel.

Der riesige Kratersee von Shikotsu-ko liegt nicht weit von Sapporo entfernt. Der See ist Teil des beliebten Shikotsu-Toya-Nationalparks.

Sicher ist sicher: Es ist Frühjahr, im Forst beginnt die Arbeit. Damit den Waldarbeitern nichts passiert, werden sie von einem Shinto-Priester gesegnet.

Verlassenes Wohnhaus in den Bergen. Weil immer mehr junge Menschen in die Städte ziehen, wird das Hinterland entvölkert.

Modernes Bauerngehöft mit Wohnhaus und Nebengebäuden. Im Innenhof parken die bevorzugten Fahrzeuge einer ländlichen Bevölkerung: vierradbetriebene Kleintransporter der Marken Suzuki oder Daihatsu.

Herr Watanabe sammelt in den Bergen Kräuter. In seinem Rucksack hat er Warabi-Pflanzen, die gekocht werden und wie Spargel schmecken.

Oben:
Weites Land: ländliche Idylle mit Holzgatter, Bauernhof, großzügigen Weiden, und ganz ohne Reisfelder.

Rechts:
Schwarz-weiße Holsteiner weiden unter einem weiten Himmel. In Japan tragen Kühe keinen Namen, sondern Zahlen, was es sehr schwer macht, sie zu rufen.

Oben:
Felder in der Nähe von Obihiro. In der Kleinstadt dürfen deutsche Besucher Heimatgefühle entwickeln, hier gibt es nämlich den Vergnügungspark „Glücks-Königreich" mit falschen Burgen, Fachwerkhäusern und Bier aus Maßkrügen.

Links:
Im Rausch der Sinne: Die Blumenfelder bei Furano leuchten in den Farben des Regenbogens.

Links oben:
Die russisch-orthodoxe Kirche im alten Ausländerviertel von Hakodate. Um 1850 siedelten sich in dem Bezirk die ersten Fremden an.

Links Mitte:
Die einzige Festung im europäischen Stil in Japan: „Gorvokaku“ in Hakodate ist nach ihrer Sternform benannt.

Links unten:
Der Hafen von Kushiro an der Südostküste Hokkaidos. Anfang August findet das volkstümliche Hafenfest statt.

Unten:
Den besten Blick auf die Stadt Hakodate hat man vom 335 Meter hohen Hakodate-Berg. In Hakodate endet der 53,85 Kilometer lange Seikan-Eisenbahntunnel, der die Hauptinsel Honshu mit Hokkaido verbindet.

Unten:
Tokei-dai heißt der Uhrenturm im europäischen Stil. Er wurde um 1878 errichtet und gilt als eines der Wahrzeichen von Sapporo.

Rechts:
Kunst kommt von Kälte: Riesige Skulpturen und Traumgebilde aus Eis und Schnee werden auf dem Schneefestival in Sapporo gezeigt. Die Veranstaltung findet in der ersten Februarwoche statt.

Rechts:
Der Odori-Boulevard in Sapporo. Im Winter findet auf der Prachtstraße das Schneefestival statt. Nachts funkeln die Eisskulpturen im Scheinwerferlicht.

Yakult
安田火災
YAMAHA

北洋銀行
NORTH PACIFIC BANK
オッペン化粧品
NEC

JAPANS WINTERMÄRCHEN –
LEBEN UNTER DEM

Oben:
Draußen stehen Getränkeautomaten, drinnen gibt's alles fürs tägliche Leben: Kolonialwarenladen in der Präfektur Akita.

Mitte:
Der Kanonenofen als einzige Wärmequelle: Herr Morikawa in seinem Wohnzimmer.

Unten:
Mit Schutzhelm und Kopftuch gegen die Kälte: Straßenbauarbeiterin.

Seit Tagen schneit es in Animaeda. Dicke Flocken wirbeln schwerelos durch die Luft, legen sich wie eine Decke auf Wälder und Felder, Häuser und Straßen. Schon am frühen Nachmittag werden die Peitschenlampen eingeschaltet. Die Berge verbergen sich hinter einer weißen Wand. Jeden Morgen schaufeln die Menschen Schnee von den Dächern ihrer Häuser. Es ist die Zeit des Wintermonsuns. Kalte Polarluft strömt vom Osten Sibiriens nach Westen. Beim Überqueren des Japanischen Meers nehmen die trockenen Winde Feuchtigkeit auf, die sich an der Westküste Japans als Schnee niederschlägt. In den Bergen türmt sich die weiße Pracht bis zu fünf Meter hoch.

Animaeda ist ein kleines Dorf im Nordwesten der Hauptinsel Honshu. Knapp 8000 Einwohner, ein Gewirr zweistöckiger Holz- und Waschbetonhäuser, die Hauptstraße ist breit genug, dass drei Schneepflüge nebeneinander fahren können und es auch tun, wenn der Winter kommt und der Schnee. Die meisten Menschen leben von der Land- und Forstwirtschaft. Es gibt etwas Kleinindustrie. In den Bergen hausen noch Braunbären. Das Dorf liegt in der Provinz Akita. Früher hieß das Gebiet Michinoku – „der Wege entlegenster". Bis heute gilt der Norden Honshus als Hinterhof Japans: kaum Industrie, geringes Bruttosozialprodukt, schlechte Infrastruktur, Landflucht.

Ende Oktober beginnen in Animaeda die Vorbereitungen für den Winter. Die traditionellen Holzhäuser werden mit schräg gestellten Baumstämmen eingeschalt, damit der Schnee nicht Wände und Fenster eindrückt. Dachfirste werden abgestützt, Hauspfosten und Dachbalken verstärkt, um die weiße Last tragen zu können. Sträucher und die Kronen der Bäume werden entweder zusammengebogen oder hochgebunden, Pflanzen mit Strohmatten bedeckt. Gegen Nachtfröste erhalten die Stämme ein Schutzschild aus Reisstroh. So vorbereitet, erwarten die Menschen den Winter.

SECHSERBLÜTEN IM OKTOBER

Im Japanischen heißt Schnee Yuki. Wegen seiner hexagonalen Form wird er auch Sechserblüte genannt. Manchmal beginnt es bereits im Oktober zu schneien, normalerweise jedoch erst ab November. Das Leben in den schlecht isolierten

SCHNEE

Links:
Angelandet: Fischerboote am Japanischen Meer.

Links:
Frühsport: Jeden Morgen müssen die Hausdächer vom Schnee befreit werden.

Unten:
Winterausrüstung: Bäuerin mit selbst gefertigten Schneeschuhen.

Links:
Bunte Kleidung gegen die Schwermütigkeit des Winters: Schulkinder auf dem Weg zum Unterricht.

Häusern ist ein ununterbrochenes Zähneklappern. Die Kälte scheint von überall zu kommen – aus dem Fußboden, den Wänden, der Decke. Morgens dampft der Atem in der kalten Luft. Wer sich aufwärmen will, geht ins öffentliche Heißwasserbad. Es ist ein moderner Flachbau an der Biegung des Ani-Flusses. Täglich geöffnet, Eintritt umgerechnet zwei Euro. Wenn sich die Bauern im Umkleideraum ausziehen, erinnert das an das Schälen einer Zwiebel: Winterjacke, Pullover, Hose, Oberhemd, Nierenschutz, langärmliges Unterhemd, zwei Paar Wollsocken, lange Unterhose, kurze Unterhose. Erst nachdem man sich mit Seife gewaschen und klarem Wasser abgespült hat, gleitet man in ein großes Becken, das von einer heißen Quelle gespeist wird. Ahhh! Wasserdämpfe wallen, Schweißtropfen perlen von der Stirn. Draußen verschwindet die Welt in der Dunkelheit eines frühen Winterabends, drinnen aber verlangsamt sich das Dasein auf ein geruhsames Maß.

Rechte Seite:
Schon am frühen Nachmittag versinkt das Land unter einem grauen, schneebedeckten Himmel. Der letzte Fußgänger geht durchs Dorf. Er heißt Hiroshi Moriya und ist auf dem Weg zur Verwandtschaft.

Rechts:
Der Toyako-See auf Hokkaido. Im Sommer sind die Touristenorte am See laut und überfüllt, im Winter sind sie verlassen und still.

Rechts:
Abashiri am Ochotskischen Meer. Eine dicke Packeisdecke überzieht die See und lässt alles Leben erstarren. Von Januar bis März ist der Hafen von Abashiri wegen Vereisung geschlossen.

Ganz rechts:
Kraniche auf dem zugefrorenen Akan-See. Die Vögel kommen aus Sibirien, um hier zu überwintern.

Rechts:
Kalte Barriere: die Notoro-Lagune im Osten Hokkaidos. Im Winter driftet von Norden Packeis heran.

Links:
Blauer Himmel über Furano.
Der Ort ist einer der bekanntesten Ski-Ressorts: 13 Lifte, 23 Abfahrten und bereits Anfang Dezember eine Schneehöhe von 150 Zentimeter.

IM ZENTRUM DER MACHT – HONSHU

Wo das laute Herz Japans schlägt, hat sich das Land von der Welt abgewandt. Auf der Hauptinsel Honshu liegen die wichtigsten Städte und Ballungsgebiete nicht gegenüber dem asiatischen Festland, sondern geografisch abgelegen am Pazifischen Ozean. Wer hier wohnt, lebt eigentlich am Rand des Nichts. Dahinter kommen nur noch einige tausend Kilometer Leere aus Wellen und Wolken. Ganz ohne Ironie wird dieses Gebiet Omote Nihon genannt, „die Vorderseite Japans“. Hier befinden sich die urbanen Großräume von Tokio, Osaka und Nagoya, in denen 43 Prozent der Gesamtbevölkerung leben – das sind 54 Millionen Menschen. Hier liegen Industriemetropolen wie Kobe und Hiroshima,

Über einen Wassergraben führt Niju-Bashi, die „Doppelbrücke", zum Kaiserlichen Palast in Tokio. Die Brücke wurde 1888 im europäischen Stil errichtet. Zweimal im Jahr ist sie auch für Normalbürger zugänglich: am 23. Dezember, dem Geburtstag des Tennos, und am Neujahrstag, dem 2. Januar.

die alten Kaiserstädte Nara und Kyoto. Honshu ist 1500 Kilometer lang und misst an seiner breitesten Stelle gerade mal 300 Kilometer. Ein mächtiges Gebirgsmassiv teilt die Insel. Das Gebiet am Japanischen Meer heißt Ura Nihon, „die Rückseite Japans". Es ist ein stilles Bauernland, das im Winter im Schnee versinkt.

TEMPEL, BÄDER UND BURGEN

Alle Reisen beginnen in Tokio. Doch wohin soll die Reise gehen? Zum Beispiel zu den prächtigen Tempeln und Schreinen von Nikko. Das japanische Sprichwort schwärmt: „Sag' nicht ‚kekko' (großartig), bevor du nicht Nikko gesehen hast." Über die rotlackierte Bogenbrücke Mihashi führt der Weg zu gewaltigen Kunstdenkmälern und Kultstätten. Für Tosho-gu, den Schrein und das Mausoleum des Kriegsfürsten Tokugawa, arbeiteten im 17. Jahrhundert neun Jahre lang rund 4,5 Millionen Menschen. Weiter geht es über die alte Shogun-Hauptstadt Kamakura in die Bergwelt von Hakone. Dies ist Japan aus dem Bilderbuch: Majestätisch erhebt sich der Fuji-Berg über den Ashino-See. Hakone ist berühmt für seine heißen Quellen. In einem Onsen, dem japanischen Bad, erlebt der Neuankömmling die schönste Art der Entspannung. Durch die japanischen Alpen geht es nach Takayama. Die Kleinstadt ist berühmt für ihre Laden- und

Der Atombomben-Dom in Hiroshima. Die Ruine der ehemaligen Industrie- und Handelsmesse erinnert an die größte Katastrophe der Stadt. Am 6. August 1945 um 8.15 Uhr explodierte 400 Meter über dem Gebäude die Atombombe.

Wohnhäuser aus der Edo-Zeit und das traditionelle Kunsthandwerk. Noch heute werden elegante Lackwaren nach alten Regeln hergestellt.

PFEILSCHNELL DURCHS LAND

Von Nagoya bis Hiroshima sind es 500 Kilometer. Nur knapp drei Stunden benötigt der Shinkansen für diese Strecke. Japans Superzug bildet die schnellste Verbindung zwischen Tokio und den Großstädten der Hauptinsel Honshu. Im 15-Minuten-Takt jagen die Züge nach Norden und Süden. Hiroshima, Industriestadt am Delta des Ota-Flusses, wurde am 6. August 1945 weltweit bekannt. Morgens um 8.15 Uhr explodierte über ihr die erste Atombombe. Über 200 000 Menschen kamen ums Leben. Die Ruine der ehemaligen Industrie- und Handelskammer, der so genannte Atombomben-Dom, markiert das Zentrum der Explosion. Nur wenige Kilometer sind es vom Ort des Schreckens zu einer der schönsten Landschaften Japans: Miyajima, die vor der Küste von Hiroshima gelegene Schrein-Insel. Scheinbar schwerelos schwebt der Itsukushima-Schrein über dem Meer. Davor erhebt sich das mächtige, zinnoberrote Schrein-Tor. Nach Kurashiki mit seiner pittoresken Altstadt kommt ein weiteres Muss: Himeji. Die Kleinstadt besitzt die größte und am schönsten erhaltene Burg Japans. Schon der Name der Festung klingt wie ein Gedicht. Er lautet wegen seiner leuchtend weißen Fassade Shirasagi-jo, „Schloss des weißen Reihers“. Letzte Station Nara und Kyoto. Nara war von 710 bis 748 Sitz des Kaiserhauses und damit die erste Hauptstadt des Landes. Ende des 8. Jahrhunderts lebten in ihr bereits über 200 000 Menschen, hier erlebte der Buddhismus seine erste Blütezeit. Dessen Zeugnisse sind noch heute zu bewundern. „Das Herz Japans“, nennen die Einwohner von Kyoto stolz ihre Stadt. Über 1000 Jahre war Kyoto kaiserliche Residenz und Hauptstadt, heute gilt die Stadt als die kulturelle Schatzkammer Nippons. Mehr als 1600 buddhistische Tempel, rund 400 Shinto-Schreine und einzigartige Landschaftsgärten machen Kyoto zu einem lebendigen Museum.

Im berühmten Kotohira-Schrein auf der Insel Shikoku klatscht ein Gläubiger in die Hände, um die Götter auf sich aufmerksam zu machen. Er hat den Gesichtsausdruck eines Erwartenden, nicht den eines Hoffenden. In Japan verläuft die Zwiesprache zwischen Mensch und Göttern nicht metaphysisch, sondern pragmatisch: Hilfst Du mir, bete ich zu Dir.

Shikoku bedeutet wörtlich: Vier Länder. Es ist die viertgrößte Insel des japanischen Archipels. Ein stählernes Band aus sechs Brücken verbindet seit 1988 das Eiland mit der Hauptinsel Honshu. Seitdem ist Shikoku zwar aus seinem Dornröschenschlaf wachgeküsst worden, befindet sich aber immer noch im Stand wirtschaftlicher Unschuld. Statt Schwerindustrie prägen Landwirtschaft und Fischerei das Leben. Viele Besucher des Eilandes sind Gläubige, die zu den 88 Tempeln pilgern, die vor 1200 Jahren von Kobo Daishi, dem Gründer des Shingo-Buddhismus, errichtet wurden. Meist sind es ältere Frauen und Männer. Sie haben weiße Leinenkittel dabei, auf die sie sich in den Tempeln und Schreinen rote Stempel drücken lassen: ästhetische Zauberformeln aus dem Jenseits für ein Leben im Diesseits. „Oizuru“ heißen im Japanischen diese Jacken. Angeblich schützen sie Häuser gegen Dämonen und Geister, Feuer und Erdbeben; wer die Jacke während einer Krankheit trägt, soll schneller genesen.

Unten:
Der Ashino-See bei Hakone liegt in einem Nationalpark. Er zählt zu den beliebtesten Besucherzielen. Rechts erhebt sich der Fuji.

Links oben:
Hölzerne Votivtafeln in einem Shinto-Schrein. Häufig zeigen sie die Abbildung eines Pferdes, weshalb sie im Japanischen „ema“, „Bildpferd“ heißen. Gläubige notieren auf ihnen ihre Wünsche: Angestellte hoffen auf eine höhere Position, Mütter auf ein gesundes Baby, Schüler auf ein erfolgreiches Examen. Manchmal steht da auch nur: „Ich will abnehmen.“

Links unten:
Traditioneller Kaufmannsladen in Tsuwano. Die Kleinstadt ist bekannt für ihre alten Bürger- und Samurai-Häuser.

Linke Seite:
Pagode des Kiyomizu-dera. Die gewaltige Tempelanlage, gegründet um 780, liegt spektakulär auf einem Hügel im Osten Kyotos.

Blühende Kirschbäume, stille Wasser, blauer Himmel: Der Daikaku-ji ist eine der größten Tempelanlagen im Nordwesten Kyotos.

Eine Allee aus Torii führt zum Fushimi-Inari in Kyoto. Die rot lackierten Balken-Tore markieren den heiligen Bezirk eines Shinto-Schreins.

Unten:
Rote Pfeiler, elegant geschwungene Dächer: Der Heian-Schrein ist eine verkleinerte Kopie des ersten Kyotoer Kaiserpalastes aus dem Jahr 794.

Rechts:
Mächtige Sake-Fässer im Heian-Schrein in Kyoto. Es sind Spenden von Firmen und Privatleuten.

Ganz rechts:
Zwei Maiko in prächtigen Kimonos. Noch heute treten die „Tanzmädchen" in Teehäusern auf. Nach erfolgreichem Ende ihrer Ausbildung, werden sie Geishas.

Rechts:
Glück und Segen für die Zukunft: Es ist Neujahr, und die Gläubigen strömen zum Fushimi-Inari-Schrein in Kyoto.

Ganz rechts:
Guten Appetit: Eingang zu einem Spezialitäten-Restaurant in Kyoto. Angeboten werden vegetarische Gerichte aus „Tofu" – die korrekte Übersetzung dafür dürfte „Sojabohnen-Quark" lauten.

月桂冠
松竹梅
メイヨカン
名誉冠
長龍
百萬弗

利久庵
抹茶
京ゆどうふ
利久庵

Links:
Zen oder die Kunst, die Natur zu umarmen: Im wunderschönen Garten des Sanzenin-Tempels in Kyoto harkt ein Mönch das Herbstlaub zusammen.

Der Weg ist das Ziel: Eine Treppe mit Schrittsteinen führt zum Kibune-Schrein. Rote Holzlaternen begrenzen den Weg, mächtige Laubbäume bilden ein Dach.

Links:
Sand und Kies wie die Wellen des Ozeans, Steine wie Berge: der Trockengarten im Daitoku-ji-Tempel, dem bedeutendsten Tempelkomplex des Zen-Buddhismus in Japan.

Unten:
Vorbereitung zur Teezeremonie. Im 15. Jahrhundert wurde in Kyoto die Zubereitung, das Servieren und Trinken von Tee zum ästhetischen Kult verfeinert.

Rechts:
Restaurant in einem traditionellen Landgasthaus. Die Gäste sitzen um einen „Irori“, einen abgesenkten Feuerplatz. Von der Decke hängt ein Wasserkessel herab.

Kostbare No-Maske. Auf westliche Beobachter wirkt sie fast ausdruckslos. Dabei spiegelt die Maske nur die Theaterform wider, die geprägt ist von sparsamen Gesten, gemessenen Bewegungen, und dem Rezitieren archaischer Texte.

No-Aufführungen finden sowohl im Theater, als auch unter freiem Himmel statt. Entstanden ist die Bühnenkunst im 15. Jahrhundert. Alle Rollen werden von Männern besetzt. Die Spieler tragen prunkvolle Gewänder. Äußerst sparsam sind dagegen Kulissen und Requisiten. Das Orchester besteht nur aus Flöte, großer und kleiner Trommel. Ein Chor am Bühnenrand begleitet und erläutert die Handlung.

Rechte Seite:
Die weiße Burg von Osaka. Das Original wurde 1585 errichtet, brannte 1867 völlig ab. Was da heute gewaltig in den Himmel ragt ist ein Nachbau aus dem Jahre 1931. Nur die eindrucksvollen Wälle und Gräben blieben in ihrer ursprünglichen Form erhalten.

Heimat der Verinnerlichung: der Kongobuji-Tempel auf dem Koya-san. In dem abgelegenen Bergland süd-westlich von Nara befindet sich das Zentrum der Shingo-Buddhisten.

Kunststück aus Stein und Holz: die Kintai-Brücke in der Kleinstadt Iwakuni auf der Hauptinsel Honshu. Solche Bogenbrücken stammen aus der Zeit vor dem Auto.

REISEN ZUM ICH –

KOYA-SAN

Hinter der Kleinstadt Hashimoto, dort, wo die Berge aus der Ebene wachsen, beginnt der uralte Pilgerpfad. Er führt zum Koya-san, einem der berühmtesten Wallfahrtsziele Japans. Der Ort liegt auf einem Hochplateau im Yoshino-Kumano-Nationalpark südlich der alten Kaiserstadt Kyoto und ist das bedeutendste Zentrum der esoterischen Shingon-Buddhisten. Shingon bedeutet „wahre Welt".

Oben:
Erinnerung an die Toten: Gräbermal mit Tausenden von Steinskulpturen.

Mitte:
Letzte Ruhestätte: das Mausoleum des Feldherrn Tokugawa Ieyasu (1542–1616).

Unten:
Die Steinfigur stellt Jizo-Bosatsu dar, den buddhistischen Schutzgott für Schwangere, Kinder und Reisende.

Gegründet wurde die Anlage 816 von dem Priester Kukai. Dieser war ein außerordentlich fleißiger Schriftsteller, Maler, Bildhauer, Mediziner und gilt als Schöpfer der japanischen Silbenschrift Hiragana. Als er 836 im 62. Lebensjahr starb, erhielt er den Ehrennamen Kobo Daishi. Zur Blütezeit der Sekte, im 15. Jahrhundert, gab es auf dem Koya-san 990 Klöster. Prächtige Schreine erinnerten an eine trügerische Scheinwelt, kostbare Statuen verwandelten Visionen in Faktisches. Heute gibt es noch 100 Tempel. Der Ort besitzt eine buddhistische Mittelschule und eine Hochschule. Er hat 4000 Einwohner, darunter 1000 Mönche und Novizen. Er ist eine wundersame Mischung aus Verinnerlichung und Kommerz. An der Hauptstraße stehen Tempel in trauter Eintracht mit Drogerien, Antiquitätengeschäften, Souvenirläden und Supermärkten.

Übernachten können Gläubige, Suchende und Besucher in über 50 Klöstern. Im Muryokonin-Tempel werden die Besucher in höflichem Englisch begrüßt. Die Gründung des Tempels geht auf das Jahr 840 zurück. Hinter einer hohen Mauer gruppieren sich verwinkelte Holzgebäude um einen Landschaftsgarten. Es gibt Schlafsäle und Familienzimmer, Baderäume, einen großen Bankettsaal. Genug Platz für 120 Pilger. Wie in den meisten Klöstern lebt man im Muryokonin-Tempel von Rätseln, unerfüllten Hoffnungen und trauriger Gewissheit – also dem Tod. Haupteinnahmequelle ist die Verwahrung sterblicher Überreste. Die Urnen stehen im Haupttempel,

Links:
Spiegelbild: geschwungene Brücke im Stadtpark von Koya-san.

Oben:
Stillleben mit Steinbecken und Schöpflöffel: Vor dem Besuch eines Shinto-Schreins reinigen sich die Gläubigen mit Wasser.

Links:
Reinigungs-Zeremonie: Gläubige gießen Wasser aus dem Tamagawa-Fluss auf die bronzene Statue des buddhistischen Schutzgottes Jizo-Bosatsu.

geordnet nach dem Todesjahr. Für ein schnelles Auffinden sind sie inzwischen computerisiert.

DUNKLES REICH DER ILLUSION

Hinter den Tempelmauern liegen die architektonischen Zeugnisse einer vergangenen Welt: die große Pagode Kompon-daito, die Grabstätten der berühmten Feldherren Tokugawa Ieyasu und Hidetada, Fudo-do, die Halle für den buddhistischen Lichtkönig. Was den Koya-san jedoch einzigartig macht, ist die Gräberstraße. Auf einem uralten Weg aus ausgetretenen Steinplatten, begrenzt von verwitterten Steinlaternen und 1000 Jahre alten Zedern, taucht man ins dunkle Reich der Illusion. Unter Stupas und Buddhastatuen, verwitterten Holzstelen und riesigen Granitblöcken ruhen die Urnen von über 200 000 Verstorbenen – Kaiser, Generäle, Samurai, Künstler und Händler, Poeten und Propheten. Moosbewachsene Steineinfriedungen verlieren sich im Halbdunkel des dichten Waldes, Baumwurzeln winden sich um Grabmäler in der archaischen Form von Kubus, Kugel und Pyramide. Am Ende des Weges erhebt sich „Oku-no-in", das Mausoleum von Sektengründer Kobo Daishi. In der Halle der 10 000 Lampen flackern Öllichter, Räucherkerzen glimmen. Und von irgendwo erklingen die 25 Kapitel des Gesetzes der Lotosblüte.

Kurashiki liegt im Westen der Hauptinsel Honshu. Das Besondere an der alten Textilstadt ist das historische Viertel mit seinen Gebäuden aus der Edo- und Meiji-Zeit.

Alte Häuser, malerische Gassen, ein romantischer, mit Trauerweiden gesäumter Kanal: die Altstadt von Kurashiki.

In solchen Häusern Kurashikis lebten im 18. Jahrhundert Samurais und wohlhabende Kaufmannsfamilien. Heute sind hier Kunstgewerbeläden und Galerien untergebracht.

In der Form eines griechischen Tempels wurde 1930 das Ohara-Kunstmuseum von Kurashiki gebaut.

Rechte Seite:
Das „Umeda Sky Building" im Kita Distrikt ist wohl das spektakulärste Hochhaus Osakas: 1993 fertig gestellt, 173 Meter hoch, Aussichtsplattform im 39. Stock, Eintritt 700 Yen.

Der Hafen von Kobe. Nichts erinnert mehr an das große Erdbeben am 17. Januar 1995, bei dem über 600 Menschen ums Leben kamen.

Osaka ist die Stadt gleichförmiger Hochhäuser, des Handels und der schnellen Geschäfte. Und die Heimat der 1920 hier gegründeten Yamaguch-gumi, der größten Gangsterorganisation Japans.

Unten:
„Willkommen im warmherzigen Tokushima", wirbt die Präfekturverwaltung. Tokushima liegt an der Ostküste der Insel Shikoku.

Bekannteste Attraktion ist die Kazura-Seilbrücke über den Iya-Fluss. Sie ist aus natürlichen Pflanzenfasern geflochten.

Rechts:
Leuchttürme geleiten die Schiffe nicht hinaus, sondern führen sie heim. Dieser steht im Osten der Insel Shikoku.

Rechts unten:
Wild-romantisch: Ein Ausflugsboot gleitet durch die Oboke-Schlucht auf der Insel Shikoku.

Oben:
Hafen in der Präfektur Kochi: Die warmen Meeresströmungen sorgen auf der Insel Shikoku für Fischreichtum.

Rechts:
Die 3910 Meter lange Akashi-Kaikyo-Brücke führt von der Stadt Kobe zur Insel Awaji. Sie ist eine von insgesamt sechs Brücken, die die Hauptinsel Honshu mit der Insel Shikoku verbinden.

Oben:
Die Naruto-ohashi-Brücke überspannt die Meerenge zwischen den Inseln Shikoku und Awaji. Berüchtigt ist die Naruto-Straße für ihre gefährlichen Meeresstrudel.

Links:
Auf dem Berg die alte Burg, im Hafen moderne Boote: das Fischerdorf Hiwasa.

Linke Seite:
Pagode des Chikurinji-Tempel in Kochi auf der Insel Shikoku. Die Gruppe ganz in weiß sind buddhistische Pilger. Ihre Wallfahrt führt sie zu den 88 Tempeln des Kobo Daishi (774–836). Der Mönch gründete den Shingo-Buddhismus.

Steintreppe und Pforte zum Chikurinji-Tempel in Kochi. Auf der Pilgerroute ist dies der 31. der insgesamt 88 Tempel.

Diese Pilgerin trägt die traditionelle weiße Kleidung. Sie hat einen langen Holzstecken, an dem eine silberne Glocke läutet. Früher wurde die Wallfahrt zu Fuß durchgeführt, heute nehmen die meisten Gläubigen den Bus.

Links:
Versunken im Hier und Jetzt: Ein Zen-Priester betrachtet den Landschaftsgarten des Kenkoji-Tempels in der Stadt Tsurumi.

Unten:
Ruhebild für die Augen: Steinschale, Wasserblumen und Bambusstöckchen.

Oben:
Ein Koi zieht gemächlich seine Kreise. Die wertvollen Zierfische, Verwandte des gemeinen Karpfen, werden in Japan seit über 200 Jahren gezüchtet.

KUNST & HANDWERK – HULDIGUNG AN DIE H

Mitte:
Refugium zurückgezogener, meditativer Naturbetrachtung: Trockengarten des Tofukuji-Tempels in Kyoto.

Oben:
Jede Region hat ihren eigenen Stil, ihr unverwechselbares Design: Lackarbeiten von der südlichen Insel Okinawa.

Rechts:
Lackschale mit einem Landschaftsbild aus Gold- und Silberstaub. Die Lackkunst kam in einfachster Form bereits in vorgeschichtlicher Zeit nach Japan.

Früh am Morgen, bevor die ersten Besucher kommen und laute Schulklassen, harkt ein Mönch den Südgarten des Daisen-in-Tempel in Kyoto. Mit den eisernen Zinken zieht er Wellen, Schleifen und Kreise. Der Tempel entstand um 1509 unter dem Zen-Mönch Kogaku Shuko. Er ist an allen vier Seiten von so genannten Trockengärten umgeben. Der Südgarten besteht aus einer rechteckigen Fläche, nur bedeckt von einer Schicht grobem Sand. An zwei Stellen ist der Sand zu kegelförmigen Haufen zusammengeharkt. Niemand weiß, was sie darstellen sollen: Einsame Bergspitzen, die aus den Wolken ragen? Verlassene Inseln im sturmgepeitschten Meer? Fest steht, der Garten ist die konsequenteste Form von Abstraktion und Reduktion. Wer einen solchen Zen-Garten betritt, kann die Stille hören. Er muss mit dem Herzen sehen.

Japans Kunst- und Kulturverständnis ist anders. Europäische Gartenanlagen sind Ausdruck eines pragmatischen Zugriffs auf die Natur. Sie sind Manifestation des biblischen „Macht Euch die Erde untertan“. In Japan haben Gärten religiösen Charakter, sind geprägt vom Shintoismus und Buddhismus. Sie sind kein Triumph über die Elemente, sondern Sinnbild für Einordnung des Menschen in die Natur.

Fast alle großen Impulse der Kunst und Techniken wurden importiert. Aus Indien, China und Korea kamen Keramik, Lackarbeiten, Kalligraphie, Tuschmalerei, Gartenbau, Blumenstecken und Bonsai. Selbst der Kimono wurde vor über 1000 Jahren aus dem Reich der Mitte übernommen. In Japan wurde das Neue adaptiert, verarbeitet, umgeformt.

Auf der Suche nach Schlichtheit, Natürlichkeit und Harmonie überflügelten die Schüler die Meister: Die japanische Kopie wurde besser als die fremde Vorlage.

Beispiel Keramik: In keinem anderen Land der Welt wird Keramik so hoch geschätzt wie in Japan. Jede Region hat ihren eigenen Ton, ihr unverwechsel-

ARMONIE

Links:
Gartenweg als Kunstwerk: Steinplatten, von Moos eingefasst.

Links:
Bonsai sollen in Form, Belaubung und Struktur vollständig ihren großen Vorbildern gleichen. Diese Kiefer ist 80 Jahre alt und 60 Zentimeter hoch.

Oben:
Ukiyo-e, „Bilder der vergänglichen Welt“, werden die Farbholzschnitte der Edo-Zeit genannt. Dieses Bildnis einer Geisha ist von Kitagawa Utamaro.

Links oben:
Die Welle: Farbholzschnitt des berühmten Künstlers Katsushika Hokusai (1760–1849), der unter anderem Vorbild für van Gogh war.

bares Design, ihre spezielle Brandtechnik. Nicht makellose Symmetrie ist entscheidend bei Teeschalen, Vasen und Essgefäßen, sondern Konzentration und Klarheit.

UNTERTAUCHEN IM GEISTIGEN STROM DER VERGANGENHEIT

Und noch etwas unterscheidet Japan. Wir erwarten von einem Kunstwerk Individualität und Einzigartigkeit, in Japan sucht man Können und Seele. Die vollkommene Kopie einer berühmten Tuschmalerei wird nicht als Plagiat verdammt. Nachahmung gilt als Untertauchen im geistigen Strom der Vergangenheit. Die Werke sterben nicht, sie leben in ihrer Reproduktion fort. Und da es keine scharfe Trennlinie gibt zwischen Kunst und Handwerk, rangieren handgeschöpftes Reispapier, eine edle Keramik, ein geschmackvolles Blumenarrangement oder ein berühmtes Ölbild auf der gleichen Ebene. Große Künstler werden als große Handwerker respektiert und umgekehrt.

Die höchste Ehre, die in Japan einem Kunstwerk widerfahren kann, ist die Ernennung zum „Kokuho“, zum „Schatz der Nation“. Solche Kleinode sind nicht nur Bilder, Statuen oder Gebäude, sondern auch Menschen. Außergewöhnliche Handwerker, Musiker, Maler, Architekten werden unter staatlichen Schutz gestellt, damit sie ihr Können und Wissen an Jüngere weitergeben können.

Ganz links:
Große bronzene Buddha-Statue im Todaiji-Tempel in Nara. Der Tempel, Hauptheiligtum der Kegon-Sekte, ist einer der größten Holzgebäude der Welt.

Links:
Hölzerner Wächter im Todaiji-Tempel in Nara. Die furchteinflößenden Figuren vertreiben das Böse und beschützen Buddha.

Unten:
Traumlandschaft in Weiß: die Pagode des Hase-dera-Tempels südlich von Nara. Gegründet wurde der Tempel 686. Vor allem während der Kirschblüte ist er ein beliebtes Ausflugsziel.

Links:
Zahme Rehe im Nara-Park. Die Tiere sind heilig, überfüttert und weichen Besuchern kaum von der Seite.

Unten:
Der Innere Schrein von Ise, japanisch „Naiku", ist das größte Nationalheiligtum des Landes. Hier wird der achteckige Spiegel Yata-no-kagami aufbewahrt, neben Kronjuwelen und Schwert eines der drei Reichsinsignien Japans.

Rechts oben:
Brücke im Inneren Schrein von Ise. Die riesige Anlage liegt auf der Halbinsel Shima an der Pazifikküste.

Rechts Mitte:
Die geschwungene Uji-Brücke führt zum Inneren Ise-Schrein. Dahinter geht eine Treppe hinab zum Isuzu-Fluss, in dem Pilger rituell Hände und Mund reinigen.

Rechts unten:
Die Schreine in Ise sind aus Zedern- und Zypressenholz errichtet. Alle 20 Jahre werden sie abgetragen, das Holz als geweihtes Baumaterial an alle Schreine des Landes verteilt. Die nächste Zeremonie findet 2013 statt.

Seite 88/89:
Perlenfarmen in den Buchten der Präfektur Mie. Kokichi Mikimoto, ein ehemaliger Nudelverkäufer, hatte 1896 die Idee, Perlen zu züchten – durch das Einsetzen von Fremdkörpern in Austern.

Rechts:
Der Große Buddha von Kamakura. Die Bronzestatue des sitzenden Amida wurde 1252 gegossen, ist 12,75 Meter hoch und 103 Tonnen schwer. Die Figur wird als „schönster Japaner" bezeichnet.

Rechte Seite:
Fast wäre Himeji im Westen der Insel Honshu nur eine ganz normale Industrie- und Handelsstadt. Doch dann gibt es diese wunderschöne vollständig erhaltene Burg. Sie heißt „Shirasagi-jo", die „Burg des weißen Reihers".

Unten:
Alt trifft Neu: Über den Ashino-See bei Hakone gleiten der Nachbau einer spanischen Galeone und ein modernes Ausflugsboot.

Rechts:
Die Wellen des Pazifiks und der Fuji-san mit seiner schneebedeckten Haube: der kleine Hafen von Toda in der Präfektur Shizuoka.

Unten:
Früher hatten Städte Silhouetten, heute besitzen sie eine Skyline: Aus dem gesichtslosen Stadtbrei von Tokio steigen die Hochhäuser von Shinjuku heraus. Im Hintergrund thront der Fuji-san.

Rechts oben:
Feierabend der Vielen: Über die Brücke der Koshu-Kaido-Avenue strömen die Menschen zum Shinjuku Bahnhof.

Rechts Mitte:
Verloren im Irrgarten: Ein Passant lässt sich vom Beamten des Polizeihäuschens (japanisch „Koban") am Bahnhof von Shibuya den Weg zeigen.

Rechts unten:
Rushhour in der Yamanote-Linie: Zweimal täglich wird Tokios Ringbahn von den Massen überrannt.

MITSUMINE
さくらや
新宿東口店
1円
仕上げ!!
全店にて
三越前
ウォッチKAN
アメリカ屋靴店
アカネビル
スクランブル交差点
新宿駅東口

Linke Seite:
Shinjuku in Tokio bei Nacht. Wer in den Himmel blickt, entdeckt keine Sterne, sondern nur ein Abbild des städtischen Lichtermeeres.

Eilen und Hasten auf der Ginza, Tokios teuerster Shoppingmeile. Einkaufszentren, im Japanischen heißen sie „Depato“, haben sieben Tage die Woche geöffnet.

Geld und Glaube: Straßen-Schrein in Shinjuku. Dahinter erheben sich die Hochhäuser von Banken und Versicherungen, die dem Gott des Mammons geweiht sind.

Oben:
Religiöses Fest im Stadtteil Asakusa. Gläubige schleppen den vergoldeten Trage-Schrein mit einer Gottheit durch die Straßen Tokios. So wird der ganzen Gemeinde der Segen zuteil.

Rechts:
Aufmarsch der Priester im Meiji-Schrein. Ihre hohen schwarzen Mützen sind aus lackierten Bambusfasern.

Rechts:
Schweigen gegen den Lärm der Welt: Bettelmönch in Tokio.

Ganz Rechts:
Ein Mönch steht unter der gewaltigen Laterne im Südeingang des Senso-ji-Tempels in Asakusa. Die Pforte heißt „Donnertor".

Oben:
Fröhliche Frühlingsrunde im Gyoen Park in Shinjuku, Tokio. „Hanami“, wörtlich: „Blütenschau“, also das Betrachten blühender Kirschbäume, wird in Japan mit geradezu religiösem Eifer betrieben.

Links:
Neujahr. Auf den breiten Kieswegen zum Meiji-Schrein sind Hunderttausende unterwegs. Sie wollen für Glück, Gesundheit und Wohlstand beten.

Aufmarsch der 100-Kilo-Männer: Sumo-Kämpfer auf einem Turnier in Tokio. Vermutlich wurden schon vor 1000 Jahren Ringkämpfe vor Shinto-Heiligtümern durchgeführt. Während der Edo-Zeit gab es die ersten professionellen Turniere.

Bereit zum Kampf. Verloren hat, wer als erster aus dem Ring mit 4,55 Meter Durchmesser herausgedrängt wird oder den Boden mit etwas anderem berührt als seinen Fußsohlen.

Links:
Der vollendete Ausdruck japanischer Wesensarten: Meisterin und Schülerin bei der Tee-Zeremonie.

Ganz links:
Frau Yuko Kiyono hat gerade geheiratet. Sie trägt einen wertvollen Hochzeitskimono.

Links:
Das Baumwollhandtuch um den Kopf: glücklicher Besitzer einer Shushi-Bar.

Links:
Japanische Rock-Braut in Harajuku, dem verrücktesten Jugendviertel von Tokio.

Ganz links:
Die Tätowierungen weisen Herrn Taka als Mitglied einer Gangsterbande aus. Er gehörte zur Yakuza-Gruppe „Kyokutk-Kai“, der „Fernost-Familie“.

Ganz links:
Und dies ist die rechte Hand von Herrn Taka. Die fehlenden Finger verraten, dass er bereits einige ernsthafte Fehler gemacht hat.

謹賀新年
初春大歌舞伎
初春大歌舞伎観劇会
大歌舞伎

SEVEN
MILD SEVEN
Hisamitsu
サロンパス
UC
HMV
SEED
STARBUCKS COFFEE

Links:
Auch in Japan gab es Barock: Tokios Kabuki-Theater, erbaut im Jahre 1925, ist ein Beweis dafür.

Unten:
Dieser Spezialitäten-Laden im Stadtteil Hongo von Tokio bietet „Tsukudani“ an, das sind Speisen, die in Sojasoße zubereitet werden.

Unten:
Der Name ist Programm: „Electronic City“ im Stadtteil Akihabara. Über 600 Discountläden verkaufen elektronische Artikel.

Links:
Kreuzung am Bahnhof von Shibuya. Dieser Stadtteil von Tokio ist eines der beliebtesten Vergnügungsviertel.

Oben:
Tokios urbanes Wahrzeichen: das Rathaus. Weil in Shinjuku der Boden relativ stabil ist, dürfen in dem Stadtteil Hochhäuser errichtet werden. Sonst besteht der Großteil des Stadtuntergrunds aus Schwemmland.

Rechts:
Lebensader: Die 4,4 Kilometer lange Aqua-Line-Brücke ist Teil einer neuen Verbindungsstrecke zwischen Tokio und der Nachbarpräfektur Chiba.

Links:
Passagier-Terminal in Harumi. Das Gebiet in der Bucht von Tokio, zwei Kilometer von der Ginza entfernt, wurde durch Landaufschüttung gewonnen. Von hier hat man den besten Blick auf den Hafen.

Unten:
Die Kachidoki-Brücke überspannt den Sumida-Fluss zwischen dem Stadtteil Tsukiji und der Insel Tsuki-shima. Bis ins 20. Jahrhundert war der Fluss eine wichtige Verkehrsader. Heute wird er hauptsächlich von Ausflugsbooten befahren.

Seite 106/107:
Abendstimmung über der Bucht von Tokio. Das futuristische Messegebäude links im Bild heißt „Big Sight". Es besteht aus vier auf den Kopf gestellten Pyramiden.

Typisches Sushi-Restaurant. Die Gäste sitzen am Tresen, unter dem Glas liegen die verschiedenen Fischsorten. Vom Koch werden sie auf die frisch zubereiteten Reisbällchen drapiert.

Auktion im Tsukiji-Fischmarkt in Tokio. Täglich werden über 2500 Tonnen Fisch und Meeresfrüchte umgesetzt.

Schnelles Essen: Auf den Stoffbahnen steht „Tachigui-Soba“. Dahinter ist genau das, was das Firmenschild ankündigt – ein Steh-Nudelstand.

Links:
„Running Sushi-Bar“: Auf einem Fließband gleiten die Spezialitäten an den Gästen vorbei. Gourmets betreten solche Restaurants nur mit Grauen.

Ganz links:
Die korrekte Art, Essstäbchen zu halten. Im Japanischen heißen sie „Hashi“. Meist sind sie aus Holz, manchmal lackiert.

Links:
Bier, Schnaps und einfache Küche: Arbeiter-Pub im Tokioer Stadtviertel Yurakucho.

Ganz links:
Perfekt zubereitetes Sushi-Set. In Japan werden sie vom nächsten Restaurant frei Haus geliefert.

SPEISEN MIT ALLEN SINNEN –

NABE UND CO.

Sushi und Sashimi haben längst ihren Siegeszug um die Welt angetreten. Doch was essen die Japaner daheim? Gibt es im Reich der aufgehenden Sonne ein kulinarisches Leben jenseits von belegten Reisbällchen und rohem Fisch? Gibt es!

In Nippon bestimmen die Jahreszeiten, welche Köstlichkeiten zubereitet werden. An kalten Januarabenden tönt ein Lockruf durch die Wohnviertel der Großstädte: „Ishi yakiimo." Was wie eine religiöse Anrufung klingt, ist die Lautsprecherdurchsage des Süßkartoffel-Händlers, der mit seinem kleinen Pickup die Nachbarschaft abfährt. Die Kartoffeln werden in einem kleinen Ofen auf heißen Steinen gebacken und mit der Hand gegessen. Eine andere Winterspezialität ist Oden, wörtlich: Gekochtes. In einer Brühe werden Rettich, Kartoffeln, Eier und Fischbällchen langsam gegart. Auf Bahnhofsvorplätzen sieht man häufig mobile Oden-Stände. Sie sind das Lagerfeuer der Moderne. Wohlgeborgen hinter langen Stoffbahnen sitzen die Gäste um einen Gasherd, der Wirt serviert direkt aus dem Topf. Beliebtester Wintereintopf ist jedoch Nabe. Jede Region in Japan hat ihren speziellen Nabe-Eintopf.

Oben:
Es darf geschlürft werden: Shoyu-Ramen, eine klare Nudelsuppe mit Soya-Geschmack.

Mitte:
In einem gusseisernen Topf kocht der Wintereintopf Nabe. Dazu werden über dem offenen Holzkohlefeuer Fische gegrillt.

Unten:
Zum Mittagessen kann man in Japan solche Lunchboxen kaufen. Sie heißen „o-bento". Meist gibt es Reis, Gemüse, Fisch, wenig Fleisch, manchmal eine Suppe dazu.

Zubereitet wird er in einer irdenen Schüssel mit Deckel, gekocht auf einem Gaskocher in der Tischmitte oder, ganz traditionell, über einem offenen Holzkohlefeuer. Huhn oder Lachs, Tofu, Gemüse wie Lauch, Chinakohl, Pilze und Schwarzwurzeln werden in passende Größe geschnitten, auf einem Teller serviert. Das ganze in einer herzhaften Brühe kurz köcheln lassen, danach die mundgerechten Stücke in eine spezielle Soße stippen. Im Rest des Fonds werden entweder dicke Soba-Nudeln oder eine sämige Reissuppe mit Ei zubereitet. Berühmt ist „Chanko-Nabe" (Huhn, Fisch, Muscheln,

Unagi, gegrillter Aal. Er wird mit einer süßlich-salzigen Soße bestrichen und auf Reis serviert. Köstlich sind Soba, Buchweizennudeln. Die Nudeln werden kurz gekocht, mit kaltem Wasser abgeschreckt, auf einem Bambustablett serviert. Zur Geschmacksanreicherung tunkt man sie in einen Dipp aus Soja, süßem Sake und Wasabi (grüner Meerrettich).

Oben links:
Traditionelles Winteressen: An diesem Straßenstand gibt es Oden, Bier und Sake.

Links:
Ästhetische Präsentation: In einem Holzbottich sind verschiedene Sorten Sashimi zusammengestellt.

Links:
Das mehrgängige Menü „Kaiseki ryori" wird nur in ausgesuchten Restaurants und Ryokans, traditionellen Gasthäusern, serviert.

Garnelen, Tofu). Es ist die Kraftspeise der Sumo-Ringer, viertausend Kalorien auf einen Schlag. Wer so etwas zweimal täglich isst, weiß, woher die Kilos kommen.

Yakitori heißt die beste Unterlage für Sake und Bier. Alles vom Huhn, zum Beispiel Flügel, Leber, Haut, aber auch Shitake-Pilze, Hackfleischbällchen und gekochte Wachteleier werden auf einem Bambusspieß aufgereiht und über einem offenen Holzkohlefeuer gegrillt. Und das perfekte Essen für die feuchtheißen Sommertage? Beliebt ist

Worauf kein Japanbesucher verzichten darf, sind Ramen, Weizennudeln, die in einer heißen Fleischbrühe serviert werden. Ursprünglich kommt die köstliche Mahlzeit für Zwischendurch aus China, doch in Nippon wurde sie perfektioniert. Ramen wird mit verschiedenen Zutaten angeboten, zum Beispiel Sojabohnen, Bambussprossen, Schalotten, dünne Scheiben Schweinefleisch. Gegessen wird mit Stäbchen. Frauen führen die Nudeln elegant zum Mund, Männer dürfen schlürfen. Dabei gilt: Je höher die Geräuschkulisse, desto größer der Genuss.

Unten:
Tägliche Wasserdusche:
In einer Gärtnerei in Omiya wird ein prächtiger Bonsai begossen. Bonsai bedeutet „Baum in einer Schale".

Rechts:
Natur in Miniatur: Baumgruppe aus Federahorn, 35 Zentimeter hoch, circa 45 Jahre alt. Diese Art von Gruppenpflanzung heißt „Yose-ue".

Links oben:
Fumiko Kato beim Beschneiden eines Bonsai. Die junge Frau ist die bedeutendste Bonsai-Künstlerin des Landes.

Ganz oben:
Lebende Kunstwerke: Omiya, ein Vorort von Tokio, ist Zentrum der Bonsai-Künstler. Im Stadtteil Bonsai-cho gibt es mehrere Baumschulen.

Oben:
Eine Zelkowa, Höhe 70 Zentimeter, Alter circa 60 Jahre. Der Baumstil heißt Besenform.

Oben:
Wenn die Blätter Farbe tragen: Laubfärbung am kleinen Chichibu-Stausee in der Nähe von Tokio.

Rechts:
Freizeitmaler im Chichibu-Tama-Nationalpark. Das Erholungsgebiet aus Bergen, Tälern und Dörfern liegt nur 50 S-Bahn-Minuten von Tokio entfernt.

Oben:
Dorffriedhof in der Präfektur Chiba. Buddhistische Tempel leben hauptsächlich von Bestattungszeremonien und Gräberverkauf.

Links:
Geisterhäuschen in einem Shinto-Schrein. Bei der Religionszugehörigkeit fahren die meisten Japaner doppelgleisig – sie sehen sich als Shintoisten und Buddhisten.

Linke Seite:
Der heilige Berg Fuji und Teeplantagen in der Präfektur Shizuoka. Beim grünen Tee unterscheidet man in Auslese erster Sorte, mittlere Qualität und groben Tee. Die besten Sorten werden noch immer von Hand gepflückt.

Zwischen Himmel und Meer: terrassenförmige Reisfelder auf der Halbinsel Noto am Japanischen Meer. Reis ist das wichtigste Anbauprodukt und Grundnahrungsmittel Nummer eins. Weil jedoch der Verbrauch zurückgeht, muss die Regierung jedes Jahr riesige Mengen Reis vom Markt nehmen, um den Preis zu stabilisieren.

Eine Bäuerin hängt Reisgarben zum Trocknen auf. Sie trägt die typische Arbeitskleidung der weiblichen Landbevölkerung: Pluderhose, „mompe" genannt, Schürze mit langen Ärmeln, eine Stoffhaube gegen die Sonne.

Unten:
Strahlendes Trugbild: Minato Mirai heißt das neue Stadtviertel von Yokohama. Es liegt an der Wasserfront und besteht aus mächtigen Wolkenkratzern und einem eher freudlosen Vergnügungspark.

Rechts oben:
Funktionalität triumphiert über urbane Harmonie: Hochhäuser, Fernsehmast und Reklameschilder in der Innenstadt von Yokohama.

Rechts Mitte:
Willkommen in der Fressgasse: Eingangstor zu China Town in Yokohama. Hier lebt, verkauft und kocht eine der größten chinesischen Gemeinden Japans.

Rechts unten:
Gelbe Taxen warten in Yokohama auf Fahrgäste. Die Stadt ist wichtiges Industrie- und Handelszentrum und hat den größten Hafen des Landes.

Rechte Seite:
Schmuck und Dekor in ausufernder Pracht: Der Toshogu-Schrein ist das wichtigste Heiligtum von Nikko.
Die gesamte Anlage besteht aus 22 Gebäuden. An der Errichtung waren rund 15000 Handwerker beteiligt.

Nichts Böses hören, sehen und sagen: Schnitzwerk des berühmten Affen-Trios im Toshogu-Schrein in Nikko.

Bemooste Steinstatuen im Wald von Nikko. Die Kleinstadt, zwei Autostunden nördlich von Tokio, ist bekannt wegen der prunkvollen Begräbnisstätten. Das japanische Sprichwort schwärmt: „Sage nie „kekko“ (prächtig), ehe du Nikko gesehen hast.“

右側通行

Oben:
Unterwegs in der Präfektur Gifu: Die spitzwinkligen Bauernhäuser des Dorfes Shirakawago sind Weltkulturerbe.

Rechts:
Die Vergangenheit wird bedeckt: Freiwillige Helfer erneuern das Reisstrohdach eines Bauernhauses in Shirakawago.

Oben:
Perfekte Kulisse für einen Samurai-Film: Gasse mit mittelalterlichen Wohn- und Geschäftshäusern in der Altstadt von Takayama.

Links:
Traditionelles Teehaus in Takayama. Die malerische Kleinstadt liegt im Zentrum der Hauptinsel Honshu.

Licht im Grünen: Steinlaterne in einem Privatgarten. Die Laternen werden „ishidoro“ genannt. Im späten 16. Jahrhundert tauchten sie erstmals in Teegärten auf. Es gibt über 100 verschiedene Formen.

Dem Himmel so nah: Schöpfkelle und Wasserbecken, in dem sich Bäume und Himmel widerspiegeln. Die Becken sind wichtiger Bestandteil eines Teegartens. Benutzt werden sie zum rituellen Händewaschen.

Oben:
Die Kunst des Schreibens heißt im Japanischen „Shodo“. Es gibt drei Hauptschriftarten: gyosho (förmliche Schrift), kaisho (Siegelschrift) und sosho (kunstvolle Kursivschrift).

Links:
Schreibgeräte für die Kalligraphie: Tuschreibstein (japanisch „suzuri“), Tuschstange und Pinsel. Auf dem Stein wird die feste Tusche solange mit Wasser verrieben, bis die gewünschte Tönung erreicht ist.

Rechte Seite:
Weiße Kaskaden: Über Stufen aus Stein stürzt der Kegon-Wasserfall bei Nikko 100 Meter in die Tiefe.

Malerische Landschaft bei Nikko. Im November kommen hunderttausende Besucher, um die Herbstfärbung zu bestaunen.

Der Chuzenji-See bei Nikko. Überragt wird er vom 2484 Meter hohen Nantai-Berg. See und Berg zählen zum 1400 Quadratkilometer großen Nikko-Nationalpark.

Oben:
Mächtige Gebirgskette bei Nagano: Auch im Fernen Osten gibt es die Alpen. Sie heißen „Nippon Alps" und liegen in Zentral-Honshu.

Rechts:
Der Zenko-ji-Tempel in Nagano wurde 624 gegründet. Zumindest seit 1998, dem Austragungsjahr der 18. Olympischen Winterspiele, dürfte die Stadt Nagano auf der Hauptinsel Honshu weltweit bekannt sein.

Oben:
Versunken im Schnee: Hakuba in den Japanischen Alpen bietet eines der größten Skigebiete Japans. Der Skisport wurde erst 1910 in Japan bekannt gemacht – durch den österreichischen Major von Lerch.

Links:
Wahrzeichen: Die Burg von Matsumoto in der Präfektur Nagano geht auf das Jahr 1580 zurück. Wegen ihres schwarzen Anstrichs wird sie auch Krähenburg genannt.

Japan ohne Menschen: Steilküste auf der Halbinsel Shimokita im Norden Honshus.

Feld mit Fahrrad und Reisgarben an der Westküste von Honshu. In alten Zeiten wurde die Gegend als „Ura Nihon“ bezeichnet – die Rückseite Japans.

Äpfel sind ihr Leben: Frau Kudo in ihrer Apfelbaumplantage in der Präfektur Aomori. Der Boden ist mit reflektierenden Bahnen ausgelegt, damit die Früchte auch von unten beschienen werden.

Statue des buddhistischen Schutzgottes Jizo-Bosatsu. Die kleinen Steinfiguren erinnern an verstorbene oder abgetriebene Babys.

Auf den Spuren des wandernden Poeten Matsuo Basho

Am Ende aller

Im Frühjahr des Jahres 1689 griff Matsuo Basho auf eine altbewährte chinesische Heilmethode zurück, um seine Füße zu stärken: Unterhalb der Knie brannte er pfefferkorngroße Kügelchen ab, die aus der getrockneten Artemisia-Pflanze gewonnen werden. Er flickte seine Wanderhose und wechselte das Band seines Schirmhutes. Er packte ein Papiergewand gegen die Nachtkälte ein, Badekimono und Waschzeug. In seinen Gürtel steckte er das verschließbare Tuschkästchen und Schreibpinsel. Er schnürte die Bänder seiner Strohsandalen. Er legte einen Umhang aus Reisstroh über die Schultern. Am siebten Tag der letzten Dekade des Dritten Monats brach er auf. Er wollte das Ende der japanischen Welt erkunden.

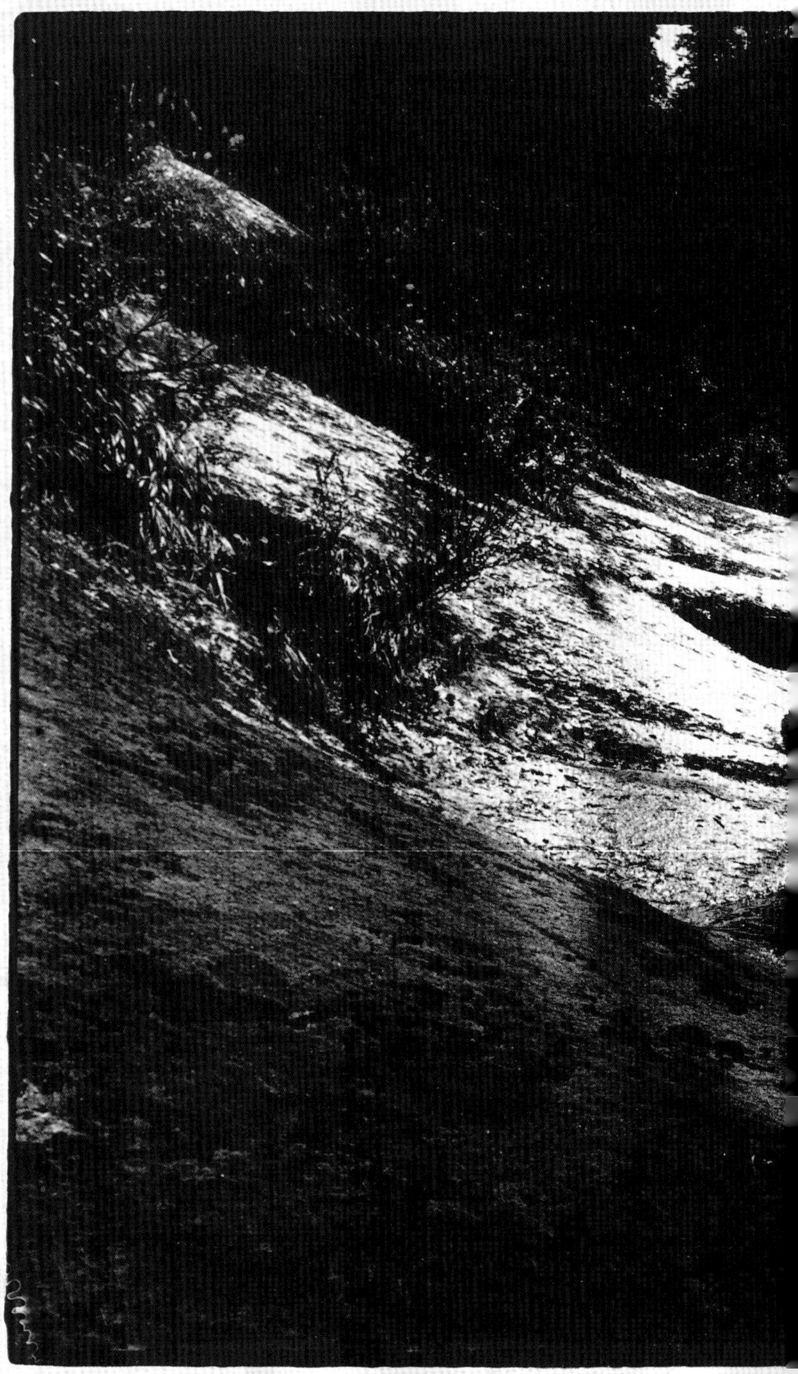

Geboren wurde er 1644 in Ueno, Hauptstadt der Provinz Iga. Sein Vater war ein Samurai niederen Ranges. Der Sohn studierte chinesische Dichtung und Kalligraphie. Er trieb taoistische Studien, war Laienmönch des Zen-Buddhismus. Einige Monate arbeitete er beim städtischen Wasserbauamt seiner Heimatstadt. Er benutzte mindestens vierzehn verschiedene Künstlernamen. Im Jahre 1672 erschien seine erste Gedichtsammlung. Er gilt als einer der größten Poeten des Landes,

Wege

Das Paradies vor dem Sündenfall: Wanderung in einem sonnenbeschienenen Flussbett in der Präfektur Akita. Das Wasser ist kalt und klar, der Granitstein glattgehobelt von den Jahrhunderten.

Zwiesprache mit einem toten Kaisersohn. Ein Pilger am Grab von Kronprinz Hoshi auf dem Haguro-Berg. Der Kaisersohn gründete die Sekte der Berg-Asketen. Seine Ruhestätte ist das einzige kaiserliche Grab im Norden der Hauptinsel Honshu.

Erneuerer der siebzehnsilbigen Verse, die im fünf-sieben-fünf Rhythmus geschrieben werden und Haiku heißen.

Basho zog in den nördlichen Teil der Hauptinsel Honshu. Im alten Nippon hieß dieses Gebiet Michinoku – „der Wege entlegenster". Es war das Ende der damals bekannten Inselwelt. Im Norden lauerte Hokkaido, eine unbekannte Insel, kalt und unwirtlich, bewohnt von haarigen Barbaren und riesigen Bären. Begleitet wurde Basho von seinem Freund und Schüler Kawai Sora. Die Route führte nordwärts, entlang des Pazifiks, von dort hinüber zur Westküste, zum Japanischen Meer. Einhundertfünfzig Tage und zweitausendvierhundert Kilometer später beendete Basho seine große Wanderung durch die Nordprovinzen. 1702, acht Jahre nach seinem Tod, erschien in Kyoto das Tagebuch seiner Reise. Es heißt „Oku no hosomichi" (Auf schmalen Pfaden durchs Hinterland). Ein dünnes Buch nur, manchmal banal und nüchtern, dann wieder faszinierend und lyrisch, eine Mischung aus Prosa und Reportagen, Poesie und Alltäglichem. Geschichten wie Tuschzeichnungen.

Noch immer gilt der Norden Honshus als der Hinterhof Japans. Es ist ein Platz

Herr Shimatsu Kokai ist Priester in der 87. Generation. Er gehört zur esoterischen Sekte der Tendai-Buddhisten und ist 54 Jahre alt.

Der Dichter mit dem Wanderstab: Auf dem Berg Haguro steht diese Statue von Japans berühmtesten Poeten Matsuo Basho.

Dies ist kein Museum, sondern das Wohnzimmer eines Bauern im Dorf Haguro. Über der offenen Feuerstelle hängt, von einer eisernen Kette gehalten, der Kessel fürs Teewasser. Der Fußboden ist mit „Tatami", Reisstrohmatten ausgelegt.

Ein mystischer Wächterhund in einem Bambushain. Im Japanischen heißen die Steinstatuen „Koma inu". Sie bewachen meist paarweise den Eingang zu Shinto-Schreinen.

Kunstwerk mit fünf Dächern: Die Pagode am Fuß des Berges Haguro wurde im Jahre 980 errichtet und im 14. Jahrhundert zu großen Teilen restauriert.

Pforte für die Götter: ein Torii am Ufer des Towada-Sees. Die Tor-bögen aus Holz oder Stein kennzeichnen Shinto-Heiligtümer – dabei kann es sich um Felsen, Bäume, Wasserfälle oder Seen handeln.

Kaltes Gebirgswasser, wirbelnde Stromschnellen, moosbedeckte Findlinge: Durch die Schlucht von Oirase in der Nähe des Towada-Sees strömt der gleichnamige Fluss.

träumerischer Selbstverwirklichung, die verfallene Bühne einer vergessenen Welt. Heute heißt das Gebiet Tohoku, Nordwest. Es besteht aus sechs Präfekturen: Fukushima, Miyagi, Yamagata, Iwate, Akita und Aomori. Das Bruttosozialprodukt ist niedrig, der Sake-Verbrauch hoch. Die Winter kommen früh und sind lang und hart. In den Bergen leben Bären. Der Wald ist so wild und undurchdringlich, dass sich jedes Jahr Dutzende Wanderer und Pilzesucher darin verirren, und in den Dörfern die Mitglieder der freiwilligen Feuerwehr Suchtrupps organisieren müssen.

Es gibt bekannte Wallfahrtsorte, berühmte Landschaften, romantische Städte: die drei Heiligen Berge von Dewa Sanzan, die Kieferninseln von Matsushima, die einstige Burgstadt Hirosaki. Und natürlich existieren auch die Beispiele japanischer Absonderlichkeiten. In Shingo, einem reizlosen Dorf westlich des Towada-Sees, befinden sich die angeblichen Gräber von Jesus und seinem Bruder (!) Iskiri.

Dort, wo das Land flach und fruchtbar ist, erstrecken sich Reisfelder bis zum Horizont. Es werden Rennpferde gezüchtet. Plantagen mit Apfelbäumen bilden eine wichtige Einnahmequelle. In langen,

Auf dem Rücken trägt er ein Schneepaddel, in der Rechten den Spieß, um die Schulter ein Hundefell: Matsuji Suzuki, Bärenjäger in der fünften Generation, mit den traditionellen Jagdwaffen und in der Kleidung des 18. Jahrhunderts.

Stillgestanden: aufrechte Schuljungen am Kai des Hafens von Yokohama-Machi.

Wirtin und Bruder in einem Café in Hayaguchi City. Die beschriebenen Holzplättchen, die hinter der Theke an der Wand hängen, haben Kunden von bekannten Reisezielen mitgebracht. Zur Erinnerung: In Deutschland schicken Stammgäste bunte Ansichtskarten.

Die Arbeitskolonne einer Elektrizitätsfirma bei der Teepause. Natürlich gibt es grünen Tee, „O-cha" im Japanischen. Es ist das meistverbreitete tägliche Getränk in Japan.

geraden Reihen ziehen sich die niedrigen Bäume über sanfte Hügel, stehen in Senken oder an leicht ansteigenden Berghängen. Erst Ende des 18. Jahrhunderts wurden die ersten Apfelableger aus den USA eingeführt.

Je nördlicher die Reise geht, desto weniger ist von der wirtschaftlichen Macht Japans zu spüren. Auf der Halbinsel Shimokita sind die Dörfer zerzauste Ansammlungen schiefer Holzhäuser. Auf Wellblechdächern liegen Steinbrocken. Im Winter weht der Wind fünf Monate lang stetig von West nach Ost, und die Kiefern, Föhren und Pinien wachsen nicht aufrecht, sondern gekrümmt mit dem Wind.

Dies ist das alte Japan unserer Vorstellung und Imagination. Wer hier reist, verlässt den Sog der Zeit. Der Besucher sieht eine Gruppe Jungen beim Fußballspiel, alte Frauen, die ihre Köpfe zusammenstecken, als teilten sie ein Geheimnis. Im Hafen von Yokohama-Machi lehnt ein Fischer am Mast seines Bootes und macht gar nichts. Der Himmel ist wolkenlos, und das Meer scheint mit weißen Farbtupfern gesprenkelt zu sein.

DIE WEITE DES BLAUEN HIMMELS – KYUSHU

Reisen unter einem weiten blauen Himmel. Am Zugfenster zieht eine Traumlandschaft vorbei: stille Dörfer, ausgedehnte Reisfelder, abgedeckte Gewächshäuser. An den zerklüfteten Küstenstreifen verstecken sich kleine Häfen hinter hohen Schutzmauern. In geschützten Buchten werden Seetang und Garnelen gezüchtet; Holzpaddel auf Flößen rotieren durchs Wasser und sorgen so für ausreichend Sauerstoff. An den Berghängen kleben alte Bauernhäuser. Aus Stroh oder Ried sind die tief gezogenen Dächer, weiß verputzt die Wände. An langen Holzstangen trocknet Rettich in der Sonne. Auf den kleinen Bahnhöfen warten Menschen, die scheinbar alle den deutschen Dichter der Romantik,

Am „Ausländerhang" von Nagasaki liegt die alte Villa des britischen Kaufmanns Glover. Sie ist heute eine Sehenswürdigkeit, die als Schauplatz von Puccinis Oper „Madame Butterfly" präsentiert wird.

Novalis, gelesen haben: „Wohin gehen wir? Immer nach Hause."

Kyushu, die drittgrößte Insel Japans, ist ein Ort der schönen Bilder und einer großen Vergangenheit. Jahrhundertelang war das Eiland Peripherie, gleichzeitig aber auch Schnittpunkt zwischen den Kulturen, Einfallstor für fremde Mächte und neue Ideen. Der Legende nach zog von hier aus der erste Kaiser Jimmu nach Nordosten, um im heutigen Nara das japanische Kaiserreich zu gründen. Über Kyushu kamen die chinesische Schrift und der Buddhismus nach Nippon. Chinesische und koreanische Einwanderer brachten Töpferei, Weberei, Bildhauerei und den Teeanbau mit. Im Juni des Jahres 1281 schickte der Mongolenherrscher Kublai Khan eine Armee aus 4000 Schiffen und 150 000 Soldaten nach Kyushu. Fast zwei Monate lang verteidigten sich die Japaner todesmutig gegen die Übermacht. Dann, am 16. August 1281, brach ein Taifun aus, der den Großteil der Invasionsflotte vernichtete. Voller Dankbarkeit nannten die Japaner den Orkan „Kamikaze" – „Wind der Götter".

Ein paar hundert Jahre später gingen die ersten portugiesischen Schiffe in den Häfen Kyushus vor Anker. Der spanische Missionar Franz Xavier landete 1549 im heutigen Kagoshima und

Fischerboot vor der Insel Miyako. Am Hafen der kleinen Inselmetropole Hirara steht ein Denkmal für die Rettung deutscher Schiffbrüchiger, 1873 gestiftet von Kaiser Wilhelm I.

gründete die erste christliche Gemeinde. Auf den Amakusa-Inseln an der Westküste errichteten Ende des 16. Jahrhunderts portugiesische Jesuiten-Missionare das erste Kolleg. Das Priesterseminar dauerte zehn Jahre – drei Jahre Latein, drei Jahre Philosophie, vier Jahre Theologie. In einem Anbau wurde eine Gutenberg-Presse aufgestellt. Unter den Druckern war auch ein ehemaliger Zen-Mönch, dessen einstige Unterweisung darin bestanden hatte, die Leere zu sehen und das Nichts zu hören. Jetzt erstellte er Wörterbücher und religiöse Traktate, in denen die reine Wahrheit, absolute Unfehlbarkeit und ewige Gnade versprochen wurden. Das Schicksal der Menschen geht merkwürdige Wege.

SCHAUFENSTER ZUR WELT

Als sich Japan zwischen 1636 und 1858 vollständig von der Welt abwandte, blieb nur ein kleines Schaufenster in der Hafenstadt Nagasaki übrig. Auf der aufgeschütteten Insel Dejima, 196 Meter lang, 65 Meter breit, befand sich ab 1641 eine holländische Faktorei. Im Gegensatz zu den Portugiesen waren die Holländer nicht am Seelenfrieden interessiert, sondern am Profit. Chinesen und Koreaner durften im Stadtteil Shinchi unter strikten Auflagen Handel treiben.

Heute kommen hauptsächlich japanische Touristen nach Kyushu. Auf ihrem Besuchsprogramm steht das geschäftige Nagasaki, der Aso-Nationalpark, dessen Krater mit einer Länge von 23 und einer Breite von 16 Kilometern eine der größten Calderen der Welt ist. Kumamoto mit seiner mächtigen Burg und dem Suizenji-koen, einem der schönsten Landschaftsgärten Japans. Die Orte Arita und Imari, Zentren der blühenden Keramikindustrie. Der quirlige Kurort Beppu, berühmt für seine heißen Quellen und brodelnden Schlammteiche. Oder Kagoshima ganz im Süden, eine lebenswerte Stadt, beherrscht vom immer noch aktiven Vulkan Sakurajima. Ein Geheimtipp sind die 120 Amakusa-Inseln, rund 880 Quadratkilometer groß, die sich in der Weite des Ostchinesischen Meers verlieren. Fünf Brücken verbinden die Eilande mit dem Festland. Die Ausflugsroute durch den Archipel

trägt den poetischen Namen „Perlen-Linie". Sie führt zu abgelegenen Dörfern und vergessenen Bildern. Wer hier reist, ist sehr weit von daheim.

SUBTROPISCHER SPIELPLATZ

Rund 500 Kilometer südlich breitet sich der subtropische Spielplatz japanischer Badeurlauber aus. Das Ryukyu-Archipel mit seiner Hauptinsel Okinawa war einst unabhängiges Königreich. Während des Zweiten Weltkriegs fanden hier mit die blutigsten Schlachten im pazifischen Raum statt. Erst 1972 wurde Okinawa von der amerikanischen Besatzungsmacht an Japan zurückgegeben. Die US-Militärbasen sorgen bis heute immer wieder für Streit mit den Einwohnern. Jenseits der Politik sind die 70 größeren und kleineren Eilande der Anziehungspunkt für Robinson-Reisende: weiße Sandstrände, bunte Korallenriffe, Palmen im Wind. Zuckerrohrfelder und Ananasplantagen überziehen die Inseln, im Meer werden schwarze Perlen gezüchtet. Auf den Hausdächern schützen grimmige Tonlöwen die Bewohner gegen die Widrigkeiten des Lebens. Hochprozentige Spezialität ist der heimische Reisschnaps Awamori. Er wird in Flaschen verkauft, in denen eine eingerollte (tote) Giftschlange für potenzstärkende Wirkung sorgen soll.

Unten:
Der Hauptturm der imposanten Burg von Kumamoto. Die Festung wurde von 1601 bis 1607 errichtet. Im Turm zeigen Schwarz-Weiß-Fotos aus dem 19. Jahrhundert eine malerische Stadtansicht mit zweistöckigen Holzhäusern und verschwiegenen Gärten. Das Kumamoto von heute kennt nur Asphalt und Beton.

Links oben:
Unter südlichem Himmel: Der Ort Chiran, im Südwesten der Insel Kyushu, liegt in einer verzauberten Hügellandschaft und ist umgeben von endlosen Teefeldern.

Links unten:
Eine Gruppe Studenten im Friedenspark von Nagasaki. Der Park wurde als Gedenkstätte an die Atombombenexplosion am 9. August 1945 errichtet.

Unten:
Palmen im Wind: Dies ist die lebenswerte Hafenstadt Kagoshima. Dahinter dampft und qualmt der immer noch aktive Hausvulkan Sakurajima.

Rechts oben:
Kyushu ist die Insel der Vulkane und der heißen Quellen. Der Kraterrand des 1323 Meter hohen Nakadake-Gipfel im Aso-Nationalpark muss häufig wegen Ausbruchgefahr für Besucher gesperrt werden.

Rechts Mitte:
Superlativ: Das Kraterbecken des Berges Aso ist 23 Kilometer lang und 16 Kilometer breit. Es ist damit eine der größten Calderen der Welt.

Rechts unten:
Einer der vier Höllenteiche in Kannawa-onsen. Der kleine Badeort, sieben Kilometer nordwestlich von Beppu, ist wegen seiner farbigen Thermalquellen berühmt.

JAPANS THERMALBÄDER –

BIS ZUM HALS IM HEIS

Beppu liegt auf einem Landstreifen an der Nordostküste der Insel Kyushu. Es ist einer der beliebtesten Badeorte des Landes: 135 000 Einwohner, 2849 heiße Quellen und unzählige Bademöglichkeiten in einem Umkreis von 14 Kilometern. An der Bucht liegen Kurgäste bis zum Hals im heißen Sand vergraben. Nur zum Anschauen sind die so genannten Jigoku, kochende Schlammteiche mit Namen wie Teufelsberghölle, Meereshölle, Goldene Drachenhölle. Die Quellen enthalten Mineralien, die das Wasser blutrot färben (Blutlachenhölle), oder schießen regelmäßig kräftige Fontänen in den Himmel (Wasserspeierhölle).

Oben:
Entspannt im Hier und Jetzt: klassisches Bad in einem Gasthaus im Urlaubsort Yufuin-onsen auf der Insel Kyushu.

Mitte:
Freier Blick aufs Meer und den Sonnenuntergang: Rotenburo an der Küste der Insel Hokkaido.

Jedes Jahr kommen über zwölf Millionen Besucher nach Beppu. Um den Hauptbahnhof befindet sich die größte Dichte an Hotels, traditionellen Gasthöfen und Badehäusern. Wenn Badegäste zum Nachmittagsbummel aufbrechen, haben sie Yukatas an, leichte Baumwollkimonos. Traditionalisten tragen dazu Geta, Holzsandalen, deren zwei hohe Stege bei jedem Schritt auf dem Asphalt klacken. Die meisten Gäste kommen nicht zur Heilung, sondern zur Erholung und Entspannung: baden, opulent essen, baden, feiern, baden. Betriebsgruppen hauen auf die Pauke, Pensionärsvereinigungen verjubeln die Rente, Geschäftsleute bewirten ihre Kunden. Vorherrschend sind falsche Palmen und laute Vergnügungen. Und über allem wabern Dampfschwaden wie Tüllgardinen.

Onsen heißen alle Badeorte, in denen heiße Quellen fließen. Sie sind das schönste Geschenk, das Japan der Welt gemacht hat. Wegen seines vulkanischen Ursprungs hat das Land rund 20 000 dieser Thermalquellen, über 2000 davon sind auf Grund der therapeutischen Wirkung anerkannt. Das radioaktive, alkali-, kupfer-, eisen- oder schwefelhaltige Wasser erreicht Temperaturen bis zu 139 Grad. Eingesetzt wird es gegen Arthritis und Rheuma, Akne und Hautstörungen, bei Diabetes, Magenbeschwerden, hohem oder niedrigem Blutdruck. Das japanische Sprichwort sagt: Heiße Quellen kurieren alles – außer einem zerbrochenen Herzen.

Schutzpatronin aller Badehäuser ist die Kaiserin Komyo. Im 9. Jahrhundert schuf sie das erste öffentliche Bad. Bis dahin besaßen nur Adel und Samurai das Recht, ein eigenes Bad im Haus zu

EN GLÜCK

besitzen. Später gab es eine Verordnung, nach der jeder Häuserblock ein öffentliches Badehaus, im Japanischen „Sento“, besitzen musste. Dabei sorgten Sento nicht nur für Sauberkeit, sondern auch für genügend Wasser bei einer Feuersbrunst.

Bis zum Ende des Zweiten Weltkriegs war es noch üblich, gemischt zu baden. Die prüden amerikanischen Besatzer sorgten für Geschlechtertrennung. Zunächst wurde dem Gesetz Genüge getan, indem man ein Seil quer durch das Becken spannte. Heute hat das gemeinsame Baden von Frauen und Männern nur an wenigen traditionellen Plätzen überlebt.

Ultimatives Badeerlebnis ist das „Rotenburo“ – das heiße Bad unter freiem Himmel. Die Wasserbecken liegen an wilden Gebirgsbächen, versteckt in Bambushainen, direkt am Meer. Wer in einer kalten Winternacht ein Rotenburo aufsucht, weiß, wo in Japan das Paradies liegt: Schnee und Eis bedecken Felsen und Tannen. Dicke Schneeflocken tanzen im Schein einer einsamen Laterne. Man selbst liegt wohlig und warm bis zum Hals im heißen Wasser.

Oben:
Der kleine Badeort Kuroyu in den Bergen von Akita. Der Besuch eines Onsen zählt zu den beliebtesten Freizeitbeschäftigungen.

Links:
Weißer Dampf und heißes Wasser: Onsen in der Nähe der Wintersportmetropole Nagano.

Links unten:
Bäder unter freiem Himmel heißen Rotenburo. Dieses liegt in Hachimantai in der Präfektur Akita.

Ganz oben rechts:
Tiefeingeschnittene Fjorde, bewaldete Höhen, kleine vorgelagerte Eilande: die Amakusa-Inseln sind ein touristischer Geheimtipp.

Ganz oben:
Wo Japan endlich mal Zeit hat: Freizeitangler auf der Mole der Fischereigenossenschaft des Dorfes Sakitsu.

Oben:
Das Kreuz im Fernen Osten: Die katholische Kirche von Sakitsu ist Mittelpunkt des Dorfes. Sie wurde 1933 erbaut.

Links:
Fischerboote im geschützten Hafen von Sakitsu auf den Amakusa-Inseln.

Unten:
Die Amakusa-Inseln an der Westküste Kyushus. Ein Netz aus fünf Brücken verbindet die Eilande untereinander und mit dem Festland. Die Ausflugsroute durch den Archipel trägt den poetischen Namen „Perlen-Linie".

Rechts:
Kriegerdenkmal auf Okinawa. Auf der Insel fanden Ende des Zweiten Weltkriegs mit die blutigsten Kämpfe im pazifischen Raum statt. Über 237 000 Zivilisten und Soldaten kamen ums Leben.

Unten:
Bauernhäuser auf der Insel Taketomi. Das Eiland zählt zur Gruppe der Yaeyama-Inseln. Wer Taketomi erkunden will, kann einen Ochsenkarren mieten.

Oben:
Der Naminoue-Schrein auf der Insel Okinawa ist den drei Ahnengöttern des japanischen Kaiserhauses gewidmet.

Links:
Die Straße Kokusai-dori ist die Hauptverkehrsachse der Inselmetropole Naha.

Links:
Verloren im Pazifik:
weißer Leuchtturm auf der
Insel Miyako.

Unten:
Bauernjunge, das Meer im
Blick: Die meisten Bewohner
auf der Insel Miyako leben
von der Landwirtschaft.
Angebaut wird hauptsächlich
Zuckerrohr.

Links:
Dieser Traum aus schneeweißem
Sand und glasklarem Wasser
heißt Yonahamae. Er liegt im
Süden der Insel Miyako und
gilt als schönster Badestrand.

REGISTER

Ochotskisches Meer
RUSSLAND
Kurilen
CHINA
RUSSLAND
HOKKAIDO
Wakkanai
Abashiri
Kitami
Asahikawa
Taisetsu-san 2290m
Takikawa
Kushiro
Otaru
Sapporo
Obihiro
Tomakomai
Muroran
Oshima-hanto
Hakodate
Vladivostok
Hongjin
NORD-KOREA
Japanisches Meer
Shimokita-hanto
Aomori
Hirosaki
Hachinohe
Noshiro
Morioka
Miyako
Akita
Kitakami
Kamaishi
JAPAN
Sakata
Ishinomaki
Yamagata
Sendai
Sado-shima
Shibata
Niigata
Fukushima
Aizu-Wakamatsu
Koriyama
Nagaoka
Noto-hanto
Iwaki
Joetsu
Nagano
Utsunomiya
Hitachi
Takaoka
Toyama
Maebashi
Mito
Kanazawa
Komatsu
Matsumoto
Kumagaya
Tsuchiura
HONSHU
SÜD-KOREA
Oki-shoto
Fukui
Omiya
Tokyo
Matsudo
Kawasaki
Chiba
Yokohama
Ichihara
Tsuruga
Fuji-san 3776m
Yokusuka
Matsue
Tottori
Biwa
Gifu
Komaki
Odawara
Yonago
Nagoya
Boso-hanto
Pusan
Kyoto
Shizuoka
Himeji
Suzuka
Okazaki
Kobe
Toyo-hashi
Yaizu
Okayama
Nara
Hamamatsu
Izu-hanto
Akashi
Hiroshima
Fukuyama
Awaji-shima
Osaka
Matsusaka
Tsushima
Taka-matsu
Onomichi
Wakayama
Yamaguchi
Iwakuni
Kure
Kii-hanto
Shimonoseki
Hofu
Imabari
Toku-shima
Ube
Niihama
Tanabe
Kitakyushu
Matsu-yama
Izu-shoto
Fukuoka
Kochi
Sasebo
Saga
Kurume
Beppu
Oita
Uwajima
SHIKOKU
Nagasaki
Kumamoto
Nobeoka
Amakusa-shoto
Yatsushiro
KYUSHU
Miyazaki
Miyakonojo
Kagoshima
Kanoya
Osumi-shoto
Pazifischer Ozean

IMPRESSUM

Buchgestaltung
Förster Illustration & Grafik, Würzburg

Karte
Fischer Kartografie, Fürstenfeldbruck

Bildnachweis
Keystone/Keyphotos Japan:
Schutzumschlag vorne, S. 5, S. 6/7, S. 8/9, S. 12/13, S. 14/15, S. 20 (2 Abb.), S. 21 rechts, S. 22/23 (4 Abb.), S. 24 (2 Abb.), S. 25 links, S. 26/27, S. 28/29, S. 30 – 37 (11 Abb.), S. 40 – 45 (11 Abb.), S. 48 (3 Abb.), S. 50/51 (2 Abb.), S. 52/53, S. 54, S. 55 rechts, S. 55 links unten, S. 56/57 (3 Abb.), S. 58, S. 59 oben rechts, S. 59 unten links, S. 59 unten rechts, S. 60 – 67 (13 Abb.), S. 70 – 93 (40 Abb.), S. 94, S. 95 oben, S. 95 unten, S. 96 – 99 (9 Abb.), S. 100 (2 Abb.), S. 102 – 111 (22 Abb.), S. 116/117 (3 Abb.), S. 118, S. 119 Mitte, S. 120 – 129 (18 Abb.), S. 140 – 147 (14 Abb.), S. 149 unten, S. 150 – 156 (8 Abb.).

Hans H. Krüger:
S. 16/17, S. 18/19 (4 Abb.), S. 21 links, S. 25 rechts, S. 38/39 (4 Abb.), S. 46/47 (7 Abb.), S. 49, S. 55 links oben, S. 59 oben links, S. 68/69 (6 Abb.), S. 95 Mitte, S. 101 (6 Abb.), S. 112 - 115 (9 Abb.), S. 119 oben, S. 119 unten, S. 130/131 (4 Abb.), S. 132 – 139 (13 Abb.), S. 148 links Mitte, S. 148 oben links, S. 148 oben rechts, S. 149 oben, Schutzumschlag hinten.

Printed in Germany
Repro: Artilitho, Trento, Italien
Druck/Verarbeitung: Offizin Andersen Nexö, Leipzig

ISBN 3-8003-1634-X

Danksagung
Für Yoko in Liebe.

Und für Hiroshi, ohne den viele Geschichten nicht geschrieben worden wären.